telc

Einfach gut! International

Deutsch als Fremdsprache B1.2

Kurs- und Arbeitsbuch

Milena Angioni

Ines Hälbig

telc gGmbH
Bad Homburg

Einfach gut! International
Bearbeitung der internationalen Ausgabe Jessica Perl
Autorinnen Milena Angioni, Ines Hälbig
Mitarbeit Vicky Dreßler, Susanne Franz, Annette Frisch, Gabriele Hoff-Nabhani, Rotraud Koll, Andrea Neuhaus, Anastasia Proyss, Jacqueline Thommes, Cornelia Völke
Phonetik Franca Malcharowitz, Anni Müller
Begutachtung Christian Gabriel-Junk, Hans Rohrer, Dorothee Thommes
Fotografie Jan Kocovski
Zeichnungen Lisa Frühbeis
Layout basierend auf dem Layout von Martina Weismann
Satz Graph & Glyphe /// Büro für Ausdrucksstärke
Layout der Tests Bernd Rohs
Tonaufnahmen Audimax Kreation in Bild und Ton GmbH
Marilyn Janssen und Gerd Nesgen / .ping Tonstudios (Köln)
ten7.ton.studio

Besonderer Dank gilt dem Bundesarbeitskreis Sprachen des Deutschen Volkshochschul-Verbands e.V. für seine wertvolle Unterstützung. Als ergänzende Online-Komponente empfehlen wir die vom Deutschen Volkshochschul-Verband entwickelte kostenlose Lernplattform www.a2.vhs-lernportal.de.
Darüber hinaus finden Sie weitere Informationen zum Lehrwerk unter: www.telc.net/lehrmaterialien/

1. Auflage 2024

www.telc.net
Printed in Germany

telc Order-Nr: V01-4012-BAF-2301A
ISBN: 978-3-910223-13-4

Liebe Leserin, lieber Leser,

wir freuen uns, Ihnen **Einfach gut! International** zu präsentieren, unser Grundstufenlehrwerk für den Einsatz in Deutschkursen weltweit. Es basiert auf dem bewährten Lehrwerk **Einfach gut!** und bereitet Lernende sprachlich auf ihr Leben in einem deutschsprachigen Land vor. Die Teilnehmenden lernen anhand vielfältiger Inhalte aus Alltag und Beruf, sich adäquat auf Deutsch zu verständigen und ihre Meinung zu äußern. Sie werden schrittweise an den Austausch über interkulturelle Erfahrungen herangeführt.

Einfach gut! International

- greift alle relevanten Themen zu Alltag und Beruf in zyklischer Progression auf.
- bereitet systematisch auf Aufgaben im Prüfungsformat vor.
- bietet viele Extras: Zwischentests zur Lernzielkontrolle, ein integriertes Kapitel zum Aussprachetraining und zusätzliche Übungen zum Lernwortschatz.
- orientiert sich konsequent am Gemeinsamen europäischen Referenzrahmen für Sprachen.
- enthält Übungstests zu den Sprachprüfungen auf den Niveaus A1, A2 und B1.

Einfach gut! International macht sowohl das Unterrichten als auch das Lernen so einfach wie möglich. Das Lehrwerk unterstützt Sie optimal bei der Vorbereitung Ihrer Kursteilnehmenden auf die Prüfungen zum Nachweis von Deutschkenntnissen für Aufenthalt, Einbürgerung oder Berufsanerkennung.

Der vorliegende Band ist der sechste und letzte Teilband von sechs Teilbänden unseres dreistufigen Lehrwerks. Zusammen mit B1.1 führt der Band B1.2 zu Niveau B1 und bereitet auf den Test *Zertifikat Deutsch/ telc Deutsch B1* vor. Nach Abschluss dieses Bandes kann man sich bereits in den meisten alltäglichen und beruflichen Situationen verständigen.

Die **Audiodateien**, die **Lösungen**, die **Hörtexte** und weitere **kostenlose Downloads** finden Sie im Downloadbereich auf unserer Webseite. Die Audiodateien finden Sie außerdem in der App **telc Deutsch-Box**, die Sie in Ihrem App-Store kostenlos herunterladen können.

Erfahrene Kursleiterinnen und Kursleiter haben uns bei der Entwicklung aller Produkte rund um **Einfach gut! International** beraten. Wir freuen uns, Ihnen mit **Einfach gut! International** ein Lehrwerk vorlegen zu können, das passgenau im DaF-Unterricht eingesetzt werden kann.

Viel Erfolg und Spaß wünscht Ihnen Ihr

Geschäftsführer telc gGmbH

Die wichtigsten Abkürzungen und Symbole

m. maskulin

f. feminin

n. neutral

Pl. Plural

Sg. Singular

-- keine Veränderung im Plural (z. B. Becher/--)

--- kein Artikel (z. B. ein Tisch/--- Tische)

leichtere Übung

anspruchsvollere Übung

richtig

falsch

1 Hörübung mit Trackangabe

1 Verweis auf eine Übung im Kursbuchteil

TIPP 1

Suchen Sie Wörter mit ähnlicher Bedeutung in einem einsprachigen Wörterbuch.

billig – preiswert – günstig

TIPP 2

Lernen Sie mit Bewegung, beim Gehen, beim Sport, beim Saubermachen.

Sagen Sie, woran Sie denken, sagen Sie, was Sie sehen.

TIPP 3

Betrachten Sie Bilder in einer Zeitschrift. Stellen Sie sich dann W-Fragen und beantworten Sie diese.

Was sehen Sie?
Wen sehen Sie?
Was machen die Leute?
Wie fühlen sie sich?

TIPP 4

Schreiben Sie eigene Texte und Geschichten mit möglichst vielen Wörtern aus dem Lernwortschatz einer Lektion.

TIPP 5

Erzählen Sie anderen, was Sie gelernt haben.

Der sicherste Weg, Gelerntes zu behalten, ist, es aktiv wiederzugeben!

TIPP 6

Lernen Sie mit Musik.
Gefallen Ihnen Lieder auf Deutsch? Suchen Sie Songtexte im Internet, hören Sie die Lieder und singen Sie mit.

TIPP 7

Machen Sie sich eine Tabelle mit drei Spalten. Verb – Nomen – Adjektiv. Notieren Sie dann in jeder Spalte ein Wort aus derselben Wortfamilie. Suchen Sie neue Wörter im Wörterbuch.

Beispiel:	**Verb**	**Nomen**	**Adjektiv**
	leben	das Leben	lebendig
	vergrößern	die Größe	groß
	...	...	...

TIPP 8

Wenn Sie sich auf eine Prüfung vorbereiten, lernen Sie nicht mehr am Abend vorher. Unternehmen Sie etwas Schönes und gehen Sie früh schlafen.

Deutschland – zweite Heimat?

Waren Sie schon mal in Deutschland?

Was ist Ihrer Meinung nach typisch deutsch?

Haben Sie Freunde oder Verwandte, die in Deutschland leben? Wie gefällt es ihnen?

Was erwarten Sie von einem Leben in Deutschland?

Als ich nach Deutschland kam, konnte ich kein Wort Deutsch.

1 So ist das Leben.

2 **a** Hören Sie Text 1 und ergänzen Sie *wenn* oder *als*.

Rajesh

......1...... ich jung war, habe ich zwei Semester in Aachen studiert. Mein Deutsch war sehr schlecht, aber das war kein Problem. ......2...... ich etwas nicht verstanden habe, konnte ich mit allen Leuten dort Englisch sprechen. Nach dem Diplom bin ich nach Indien zurückgegangen, habe geheiratet und Kinder bekommen. Dann habe ich vor einem Jahr eine Arbeit in Kassel gefunden und wir sind alle zusammen umgezogen. Ich musste schnell mein Deutsch verbessern, ...3...... ich in meiner neuen Firma angefangen habe. Nicht jeder Kunde spricht Englisch! Die Sprache hilft mir aber auch, ...4...... ich in meiner Freizeit neue Leute kennenlerne. Ich fühle mich sehr wohl hier in Kassel.

Ich **konnte** kein Wort Deutsch, als ich nach Deutschland kam.
Ich **spreche** Deutsch, wenn ich im Deutschkurs bin.

Sie können die Sätze auch umdrehen:
Als ich nach Deutschland kam, **konnte** ich ...
Wenn ich im Deutschkurs bin, **spreche** ich ...

3 **b** Lesen Sie jetzt Text 2 und ergänzen Sie *wenn* oder *als*. Hören Sie dann den Text zur Kontrolle.

Man hat viele Träume und Hoffnungen, ...1...... man jung ist. ......2...... ich nach Deutschland kam, war ich 24. Ich bin aus meinem Heimatland weggegangen, weil die Menschen dort nicht so leben können, wie sie wollen. ......3...... man in Deutschland ist, hat man viel mehr Freiheiten und kann sagen, was man denkt. Das gefällt mir. Die ersten Jahre durfte ich nicht arbeiten, weil ich keine Arbeitserlaubnis hatte. ......4...... ich sie endlich bekam, war ich überglücklich. Eine feste Arbeit fand ich trotzdem nicht sofort. Heute – zehn Jahre später – kann ich sagen, dass Deutschland meine zweite Heimat geworden ist. Ich habe eine eigene kleine Familie, einen Job und inzwischen sogar einen deutschen Pass. Nur meine Eltern und Geschwister vermisse ich sehr. Sie leben noch in meiner alten Heimat. ......5...... ich die Möglichkeit habe, besuche ich sie natürlich. Sie fehlen mir.

Neyla

Ich vermisse sie.
= Sie fehlen mir.

c Lesen Sie Text 3 und ergänzen Sie *wenn* oder *als*.

Aarna

Ich bin aus Indien gekommen, ...1...... mein Mann Rajesh eine Stelle bei einer deutschen Firma bekommen hat. Er war schon einmal in Deutschland, ...2...... er Student war. Jedes Mal, ...3...... er von seiner Zeit an der Universität erzählt, lächelt er. Und dann hat er dieses Jobangebot bekommen. Er war so glücklich. Wie konnte ich da „nein" sagen? Mein Leben war zuerst nicht einfach, ...4...... ich nach Deutschland kam. Ich konnte kein Wort Deutsch und habe nicht schnell gelernt, aber für unsere drei Kinder ist es ganz leicht. Immer, ...5...... sie aus der Schule kommen, kennen sie wieder neue Wörter. Für meine Familie ist das hier ein gutes Leben, aber für mich selbst bin ich noch nicht so sicher. Ich habe Heimweh nach Indien!

d Lesen Sie die Texte noch einmal und beantworten Sie die Fragen.

1 Welche Probleme gab es am Anfang?
2 Welche positiven Erfahrungen gab es?
3 Wie stellen sich die drei Personen ihr Leben in der Zukunft vor?
4 Ist Deutschland ihre (zweite) Heimat geworden?

> sich etwas vorstellen
> = in Gedanken/in der Fantasie etwas sehen

e Was sind die Gemeinsamkeiten zwischen den Geschichten?
Was sind die Unterschiede?

> die Gemeinsamkeit
> ≠ der Unterschied

Rajesh hat einen guten Job in Deutschland bekommen, , aber Neyla ...

Aarna findet die deutsche Sprache schwierig. Dagegen lieben ihre Kinder ...

f Lesen Sie eine Geschichte noch einmal. Schreiben Sie W-Fragen.
Ihre Partnerin/Ihr Partner beantwortet sie.

2 Freude und Enttäuschung

Wenn man in ein neues Land kommt,
hat man viele Träume und Hoffnungen.
Wenn unsere Träume wahr werden, dann sind wir **froh**,
wenn nicht, dann sind wir **enttäuscht**.

a Lesen Sie die Textbausteine und bilden Sie Sätze. Was passt zusammen?

1 Er ist froh, dass ...
2 Er freut sich, dass ...
3 Er ist enttäuscht, dass ...

a er immer noch nicht perfekt Deutsch kann.
b seine Kinder in Deutschland in Frieden aufwachsen können.
c er immer noch keine Arbeitserlaubnis hat.
d er keine deutschen Freunde hat.
e er eine gute Arbeit in Deutschland bekommen hat.

b Sprechen Sie mit Ihrer Partnerin/Ihrem Partner. Fragen und antworten Sie.

> **ABER:**
> enttäuscht sein **über/von**
> sich freuen **über/auf**
> froh sein **über**

Worüber freust du dich?

Ich freue mich, dass ich eine gute Arbeit habe. Und du?

Darüber freue ich mich auch sehr!

3 Ämter und Behörden

a Wann waren Sie zuletzt auf einem Amt oder bei einer Behörde? Was haben Sie dort gemacht? Erzählen Sie.

b Lesen Sie die Sätze. Stimmt das für Ihr Land? Was denken Sie: Sind deutsche Ämter und Behörden anders?

1 Auf Ämtern muss man nicht lange warten. Man kommt meistens schnell dran.
2 Die Sachbearbeiter sind immer freundlich und hilfsbereit.
3 Briefe von Behörden sind oft schwer zu verstehen.
4 Wenn man ein Problem hat, findet man auf Ämtern schnell Hilfe.

> **dran kommen/dran sein:**
> „Muss ich noch lange warten?"
> „Nein, Sie sind gleich dran."
> (Sie sind gleich an der Reihe.)

4 Man muss Geduld haben.

4 **a** Aarna spricht mit ihrer Bekannten Neyla. Hören Sie den Dialog und beantworten Sie die Fragen.

1 Ist Aarna im Moment berufstätig?
2 Was möchte ihr Mann?
3 Welchen Beruf hat sie gelernt?
4 Warum arbeitet sie nicht in ihrem Beruf?
5 Hat Aarna gute Erfahrungen mit Ämtern gemacht?

> ***Papierkram*** *(Alltagssprache)*
> Büroarbeiten, die man nicht gerne macht; Formalitäten mit Ämtern und Behörden.

> geduldig ≠ ungeduldig

b Sind Sie geduldig? Machen Sie den Test und finden Sie es heraus!

Sie sind auf einem Amt und müssen lange warten. Was machen Sie?

A ☐ Ich frage einen Mitarbeiter, wann ich endlich dran komme.
B ☐ Nichts. Ich kann die Situation nicht ändern. Deshalb warte ich.

Sie möchten über die Straße gehen, aber die Ampel ist rot. Was tun Sie?

A ☐ Ich laufe los. Es sind ja nicht viele Autos auf der Straße.
B ☐ Ich bleibe stehen und warte, bis die Ampel grün ist.

In Ihrem Deutschkurs lernen einige Teilnehmer langsamer als Sie. Die Kursleiterin erklärt eine Grammatikregel zum dritten Mal. Was machen Sie?

A ☐ Ich denke „Wie langweilig!" und schaue auf mein Handy, vielleicht habe ich neue Nachrichten.
B ☐ Ich höre zu. Wiederholung ist immer gut.

Haben Sie mehr B-Antworten als A-Antworten? Dann sind Sie ein geduldiger Mensch.
Wenn Sie mehr A-Antworten haben, sind Sie ein ungeduldiger Mensch.

c Stimmt das? Ist das Ergebnis richtig?
In welchen Situationen sind Sie besonders (un-)geduldig? Erzählen Sie.

5 Wird meine Ausbildung anerkannt?

a Hören Sie das Telefongespräch. Was sagt Aarna? Verbinden Sie.

5

1 Ich möchte gern wissen, a welche Unterlagen ich einreichen muss?
2 Können Sie mir sagen, b ob meine Ausbildung hier anerkannt wird?
3 Wissen Sie, c ob ich in Deutschland arbeiten darf.

b Vergleichen Sie die beiden Beispiele. Was ist der Unterschied?

1 Ist Aarna Krankenschwester?
→ Wissen Sie, **ob** Aarna Krankenschwester ist?

2 **Was** macht Aarna beruflich?
→ Wissen Sie, **was** Aarna beruflich macht?

c Sehen Sie sich noch einmal die Fragen in Übung 4a an. Welche Fragen sind W-Fragen, welche nicht? Formen Sie dann die Fragen um wie im Beispiel. Verwenden Sie *ob* oder das passende Fragewort.

d Sie sind auf dem Amt und haben viele Fragen. Schreiben Sie Dialoge. Formen Sie zuerst die Fragen um wie in Übung 5c. Schreiben Sie dann eine passende Antwort. Stellen Sie die Dialoge im Kurs vor.

1 ~~Wo kann ich mich informieren?~~
2 Entschuldigen Sie, wo finde ich Zimmer 12?
3 Habe ich das Formular richtig ausgefüllt?
4 Brauche ich einen Termin?
5 Entschuldigen Sie, muss ich noch lange warten?

Beispiel
▶ *Können Sie mir sagen,/Wissen Sie, wo ich mich informieren kann?*
▷ *Auf unserer Internetseite. Dort finden Sie alle Informationen.*

6 Wichtige Unterlagen

Wissen Sie, was das ist? Schreiben Sie die kompletten Sätze.

1 Das Führungszeugnis a gibt Auskunft über Ihre Deutschkenntnisse.
2 Der Sprachnachweis b bescheinigt, dass Sie keine ansteckende Krankheit haben.
3 Die amtliche Beglaubigung c bescheinigt, dass die Kopie mit dem Original übereinstimmt.
4 Das Gesundheitszeugnis d gibt Auskunft, ob Sie schon einmal von einem Gericht verurteilt wurden.

7 Amtsdeutsch

a Aarna hat sich informiert und einen Antrag auf berufliche Anerkennung gestellt. Sie bekommt einen Brief vom Amt. Lesen Sie den Brief. Welcher Betreff passt?

der **Betreff** = worum es im Brief geht; das Thema

Antrag abgelehnt | Antrag genehmigt | Fehlende Unterlagen

Darmstadt, 19.07.20..

Betreff ....

Sehr geehrte Frau Singh,

zur Bearbeitung Ihres Antrags auf berufliche Anerkennung benötigen wir noch folgende Dokumente:
- Beglaubigte Fotokopie Ihres Sprachnachweises
- Übersetzung Ihres Abschlusszeugnisses ins Deutsche
- Führungszeugnis (nicht älter als drei Monate)

Um eine zügige Abwicklung zu gewährleisten, bitten wir Sie, die Unterlagen innerhalb von 14 Tagen nach Erhalt dieses Schreibens einzureichen.

Mit freundlichen Grüßen

Gerhard Naumann

b Lesen Sie den letzten Satz noch einmal. Ihre Partnerin/Ihr Partner versteht ihn nicht. Erklären Sie ihr/ihm den Satz. Diese Erklärungen helfen Ihnen.

zügig = schnell
Abwicklung = hier: Bearbeitung
gewährleisten = garantieren
das Schreiben = der Brief
einreichen = abgeben/abschicken

Amtsdeutsch ist eine förmliche Sprache, die häufig von Ämtern und Behörden verwendet wird. Amtsdeutsch ist auch für Deutsche nicht immer einfach zu verstehen.

8 Ich lasse das machen.

6 **a** Aarna spricht mit Neyla. Hören Sie und ergänzen Sie die Sätze.

1 Ich mache zuerst eine Kopie. Dann .... ich die Kopie beglaubigen.

2 Ich muss mir noch ein Führungszeugnis ausstellen ....

b Aarna hat etwas vergessen. Lesen Sie noch einmal den Brief in Übung 7a. Was muss sie noch machen lassen?

etwas machen lassen

Ich **lasse** den Brief **übersetzen**.
(Ich übersetze ihn nicht selbst.)

Ich **muss** den Brief übersetzen **lassen**.

	lassen
ich	lass<u>e</u>
du	läss<u>t</u>
er/sie/es	läss<u>t</u>
wir	lass<u>en</u>
ihr	lass<u>t</u>
sie/Sie	lass<u>en</u>

c Ergänzen Sie die richtige Form von *lassen*.

1 Ich weiß nicht, wo das Amt ist, aber ich .... mir den Weg erklären.

2 Wenn du dir einen Termin geben ...., musst du nicht lange warten.

3 .... du dir deine Ausbildung in Deutschland anerkennen?

4 Wo kann ich mir ein Gesundheitszeugnis ausstellen ....?

5 Mein Pass ist nur noch vier Monate gültig. Ich muss ihn verlängern ....

6 Reparierst du deinen Computer selbst oder .... du ihn reparieren?

d Lesen Sie und variieren Sie den Dialog.

▶ Guten Tag. Was kann ich für Sie tun?

▷ Ich möchte **mein Handy reparieren lassen**.

▶ Sehr gerne. Einen Augenblick, bitte.

~~mein Handy reparieren~~ | ein Dokument übersetzen | eine Fotokopie beglaubigen | mich beraten | mir ein Führungszeugnis ausstellen

9 Fast geschafft

Aarna hat fast alle Unterlagen zusammen. Sie schreibt einen Brief an Herrn Naumann.
Lesen Sie und ergänzen Sie. Fünf Wörter passen nicht.

a aktuelles	b beglaubigte	c erzählt	d gefragt	e gefunden
f erhalten	g mitgeteilt	h schönes	i sofort	j wieder

Ihr Schreiben vom 19.07.20.. Darmstadt, 25.07.20..

Sehr geehrter Herr Naumann,

mit diesem Schreiben schicke ich Ihnen eine amtlich ....1........ Kopie meines Deutsch-Zertifikats und ein ....2........ Führungszeugnis.

Die Übersetzung meines Abschlusszeugnisses habe ich noch nicht ....3........ .
Das Übersetzungsbüro hat mir heute ....4........, dass ich das Dokument erst am Montag abholen kann. Ich schicke es Ihnen dann ....5........ zu.

Mit freundlichen Grüßen
Aarna Singh

10 Arbeiten im Ausland

a Haben Sie schon einmal im Ausland gearbeitet? Wie war das? Brauchten Sie eine Anerkennung? Berichten Sie im Kurs.

b Wir sind fünf Jahre in der Zukunft: Sie leben jetzt in Deutschland und arbeiten in Ihrem Traumberuf. Wie ist Ihr Leben, wie ist die Arbeit? Schreiben Sie einen Text.

Sprachbausteine

Über die Heimat sprechen

mein Herkunftsland/Heimatland, meine (zweite) Heimat, fremd sein, zu Hause sein, sich wohlfühlen, sich fremd fühlen

Sagen, dass man jemanden/etwas vermisst

Ich vermisse meine Freunde.
Meine Freunde fehlen mir.

Freude und Enttäuschung ausdrücken

Wir sind froh, dass wir in Deutschland bleiben dürfen.
Ich freue mich, dass ich meine Familie besuchen kann.
Ich freue mich über meine Arbeitserlaubnis.
Wir sind enttäuscht, dass uns niemand geholfen hat.

Ämter und Behörden

die berufliche Anerkennung
die (amtliche) Beglaubigung
etwas beglaubigen (lassen)
die beglaubigte Kopie
die Übersetzung
etwas übersetzen (lassen)
das Führungszeugnis
das Gesundheitszeugnis
der Sprachnachweis

Grammatik

Sätze mit *als* verbinden

Als ich nach Deutschland kam, **war** ich 24.
Ich **war** 24, als ich nach Deutschland kam.

Sätze mit *wenn* verbinden

Wenn ich im Deutschkurs bin, **spreche** ich Deutsch.
Ich **spreche** Deutsch, wenn ich im Deutschkurs bin.

	lassen
ich	lasse
du	lässt
er/sie/es	lässt
wir	lassen
ihr	lasst
sie/Sie	lassen

lassen

Ich	**lasse**	die Fotokopie	beglaubigen.
Ich	**muss**	die Fotokopie	beglaubigen **lassen.**

Indirekte Fragen mit *ob*

Direkte Frage: Wird meine Berufsausbildung in Deutschland anerkannt?
Indirekte Frage: Wissen Sie, **ob** meine Berufsausbildung in Deutschland anerkannt wird?

Indirekte W-Fragen

Direkte Frage: **Wo** finde ich Zimmer 14?
Indirekte Frage: Wissen Sie, **wo** ich Zimmer 14 finde?
Direkte Frage: **Welche** Unterlagen brauche ich?
Indirekte Frage: Können Sie mir sagen, **welche** Unterlagen ich brauche?

Ein neuer Arbeitsplatz

Was passst zusammen?

Ingenieur   Bürokauffrau   Koch   ...   Ärztin

Nachtdienst   Organisation   ...   Herd   Baustelle

1 Berufswünsche

7 **a** Hören Sie. Was sagen die Personen? Ergänzen Sie.

1 Ich *würde* gerne als Altenpflegerin *arbeiten*.
2 Ich .... dann geregelte Arbeitszeiten.
3 Die Arbeit .... irgendwie kreativer.
4 Ich .... ganz andere Speisen ....
5 Ich .... eine Ausbildung ....
6 Ich .... dann Kontakt zu Menschen.
7 Ich .... aber lieber in meinem Job ....
8 Dann .... ich nicht finanziell von meinen Eltern abhängig.

b Wo/Wie würden Sie gerne arbeiten? Diskutieren Sie mit Ihrer Partnerin/Ihrem Partner.

Ich hätte gerne eine interessante Arbeit mit Kontakt zu Menschen.

Nein, das passt nicht zu mir. Aber ich würde gerne ...

Würdest du als Kindergärtnerin arbeiten?

> ***würde/könnte* + Infinitiv**
> Ich **würde** gerne als Kindergärtnerin **arbeiten**.
> Ich **könnte** eine Fortbildung **machen**.
>
> ***wäre/hätte***
> Ich **wäre** gerne Kindergärtnerin.
> Ich **hätte** gerne eine Arbeit als Kindergärtnerin.

2 Berufsfelder

a Lesen Sie die Aussagen und machen Sie eine Tabelle.

Berufsbezeichnung	Tätigkeiten	Arbeitsmaterial	Arbeitsplatz
	Gemüse putzen und schneiden, kochen		

Mittags bereite ich alles vor. Ich schäle Kartoffeln, putze das Gemüse und schneide es mit meinem japanischen Messer klein. Abends koche ich dann auf einem Gasherd leckere Speisen.

Wenn jemand ein Problem mit dem Auto hat oder das Auto repariert werden muss, kann ich helfen. In meiner Werkstatt habe ich ganz viel Werkzeug.

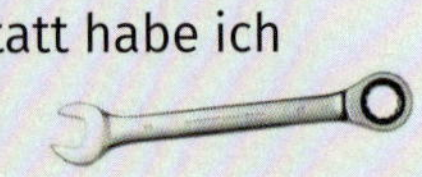

In meinem Job stehe ich den ganzen Tag. Ich wasche, schneide und manchmal färbe ich auch den Kunden die Haare. Mit Schere, Kamm und Föhn zaubere ich neue Frisuren.

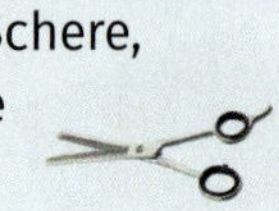

Ich arbeite in einer großen Versicherung am Empfang. Ich nehme die Telefongespräche an und leite sie weiter. Ich kümmere mich um die Post. Ich arbeite viel mit dem Computer. Manchmal mache ich Sekretariatsarbeiten.

b Tragen Sie Ihren und weitere Berufe in die Tabelle ein.

3 Stellenanzeigen

a Lesen Sie die Stellenanzeigen. Zu welchen Punkten finden Sie Angaben in den Anzeigen?

1 Firmenname | 2 Firmensitz | 3 Aufgaben | 4 Arbeitszeiten | 5 Qualifikationen | 6 Gehalt | 7 Jobbezeichnung | 8 Eintrittsdatum | 9 Ansprechpartner/in

Steuerberater Riedel & Riedel ist ein traditionsreiches Steuerberatungsbüro im Herzen von Berlin.

Wir suchen ab 01.12.
eine/n Office Manager/in

Ihre Aufgaben:
- Annahme von eingehenden Anrufen und Weiterleitung an interne Ansprechpartner
- Bearbeitung Posteingang und -ausgang
- Verwaltung des Terminkalenders der Geschäftsführer
- Bestellung und Verwaltung von Büromaterial und Catering
- Belegung des Konferenzraums

Ihr Profil:
- Abgeschlossene Ausbildung als Bürokaufmann/-frau oder eine vergleichbare Qualifikation
- Sehr gute Kenntnisse im Umgang mit MS-Office
- Berufserfahrung
- Gute Englischkenntnisse
- Kommunikationsstärke und eine selbstständige Arbeitsweise

Es erwartet Sie ein interessanter und abwechslungsreicher Arbeitsplatz mit leistungsgerechter Bezahlung in einem erfolgreichen Familienunternehmen.

Steuerberater Riedel & Riedel
Lohmühlenstr. 30
12435 Berlin–Kreuzberg

Frau Milena Thomas
Tel.: 030 123456-0
Mail: kontakt@riedel.info

KERNER MASCHINENBAU GMBH

Wir sind ein mittelständisches Unternehmen mit Sitz in Berlin. Zum nächstmöglichen Zeitpunkt suchen wir

einen Bilanzbuchhalter (m/w/d)

Aufgaben:
- Erstellung von Monats-, Quartals- und Jahresabschlüssen
- Debitoren- und Kreditorenbuchhaltung
- Umsatzsteuervoranmeldung
- Gehaltsabrechnungen der Mitarbeiter

Profil:
- kaufmännische Ausbildung
- Zusatzqualifikation Bilanzbuchhaltung
- Sehr gute Kenntnisse in MS Office und SAP
- Teamfähigkeit
- eigenverantwortliche Arbeitsstruktur

Ihre komplette Bewerbung unter Angabe Ihrer Gehaltsvorstellung und des möglichen Eintrittstermins senden Sie bitte an:

KERNER MASCHINENBAU GMBH

Herr Dirk Kerner
Heinrich-Heine-Platz 2 • 10179 Berlin–Mitte
Tel.: 030 987654 • info@kerner.de

b Was bedeuten diese Formulierungen? Sprechen Sie mit Ihrer Partnerin/Ihrem Partner.

wachstumsorientiertes Unternehmen | flexible Arbeitszeiten | Zuverlässigkeit | Festanstellung | ein vergleichbarer Abschluss | ein abwechslungsreicher Arbeitsplatz | Teamfähigkeit

4 Eine neue Herausforderung

a Hören Sie das Telefongespräch. Auf welche Stelle möchte sich Rabia bewerben? 8

☐ Office Manager/in ☐ Bilanzbuchhalter/in

b Hören Sie noch einmal. Zu welchen Themen hat Rabia noch Fragen? Kreuzen Sie an. 8

☐ Eintrittsdatum	☐ Urlaubsdauer	☐ Urlaubsplanung
☐ Probezeit	☐ Arbeitszeit	☐ Firmensitz
☐ Gehalt	☐ Aufgaben	☐ Mittagspause
☐ Kollegen	☐ Zeugnisse	☐ Jobticket

5 Der Lebenslauf

a Lesen Sie den Lebenslauf und die Tipps. Ergänzen Sie die Informationen.

iranisch | Muttersprache | Computerkurs | November | Navid

TIPP Speichern Sie für digitale Bewerbungen alle Unterlagen im PDF-Format.

TIPP Absatzüberschriften in Fettdruck oder unterstreichen!

Lebenslauf

Leinestrasse 12 | 12049 Berlin (Neukölln) | E-Mail: rabia@navidnet.de |
Telefon: 030 112233 | Mobil: 01575 123456

TIPP professionelles Bewerbungsfoto

Persönliche Daten

Name	Rabia ....1..........
Geburtsdatum	19. August 2000
Geburtsort	Teheran (Iran)
Staatsangehörigkeit	..........2..........
Familienstand	ledig

TIPP Die Aufteilung muss klar und geordnet sein.

Schulbildung

09/2014 – 07/2017	Oberschule mit Abitur, Teheran
09/2011 – 07/2014	Staatliche Sekundarschule, Teheran
09/2006 – 07/2011	Grundschule, Teheran

TIPP Schulabschluss angeben!

TIPP Von wann bis wann haben Sie etwas gemacht/besucht? Der Lebenslauf muss immer vollständig (lückenlos) sein. Keine zeitlichen Lücken lassen!

Studium

09/2017 – 08/2021	Studium der Betriebswirtschaft, Universität Teheran, Bachelor

Berufserfahrung

10/2021 – 02/2022	Assistentin der Geschäftsführung in einer Telekommunikationsfirma, Teheran
02/2022	Kündigung wegen Übersiedlung nach Deutschland

Weiterbildungen

09/2022 – 09/2023	Integrationskurs an der Volkshochschule Frankfurt; Abschluss: Deutsch, Niveau B1
02/2017 – 05/2017	..........3.......... MS Office
01/2011 – 03/2012	Wirtschaftsenglisch, Newcastle House, Teheran

Besondere Kenntnisse

Sprachen	Persisch (..........4..........), Deutsch (B1), Englisch (B2)
Computerkenntnisse	Word, Excel, Outlook

Berlin, 12. ....5.......... 20..

Rabia Navid

TIPP Unterschrift: Vorname und Nachname

TIPP Ort und Datum nicht vergessen! Der Lebenslauf muss immer mit aktuellem Datum sein.

b Ihre Partnerin/Ihr Partner soll ihren/seinen Lebenslauf schreiben. Geben Sie ihr/ihm Tipps. Nehmen die Tipps in 5a zu Hilfe.

c Schreiben Sie Ihren Lebenslauf und vergleichen Sie im Kurs.

6 Die Bewerbung

a Lesen Sie die E-Mail und ergänzen Sie die Präpositionen.

An	heidi@fröhlich.de
Betreff	Kannst du mir helfen?

Liebe Heidi,

ich habe eine Stellenanzeige gefunden und ich interessiere mich ……1…… diese Arbeitsstelle. In den nächsten Tagen bewerbe ich mich ……2…… der Firma Riedel & Riedel. Da musste ich sofort ……3…… dich denken. Könntest du mir ……4…… der Bewerbung helfen? Ich würde mich gerne morgen Nachmittag ……5…… dir verabreden. Hast du dann Zeit? Das wäre toll, wenn ich mich ……6…… dir treffen könnte.

Meinen Lebenslauf habe ich schon geschrieben und ich würde gerne ……7…… dir darüber sprechen. Das Bewerbungsschreiben habe ich noch nicht ganz fertig. Kannst du mir da bitte ……8…… den Formulierungen helfen? Ich möchte mich jetzt schon ……9…… dir ……10…… deine Hilfe bedanken und warte ……11…… deine Antwort.

Viele Grüße

Rabia

b Schreiben Sie Sätze mit den Verben im Kasten. Kennen Sie noch andere?

1 Heidi trifft sich mit ihrer Freundin.
2 Rabia ärgert sich über ihren Freund.
3 Die Kollegen beschweren sich über den Postboten.

Verben mit Präpositionen

mit Dativ:	**mit Akkusativ:**
sich bedanken **bei**	achten **auf**
sich bewerben **bei**	sich ärgern **über**
diskutieren **mit**	sich bedanken **für**
sich entschuldigen **bei**	sich bewerben **um**
helfen **bei**	denken **an**
sprechen **mit**	diskutieren **über**
träumen **von**	sich entschuldigen **für**
sich treffen **mit**	sich freuen **auf**
sich verabreden **mit**	sich interessieren **für**
	warten **auf**

7 Das kann ich ...

a Sehen Sie sich den Lebenslauf von Rabia noch einmal an und ergänzen Sie die Tabelle.

Fähigkeiten	Rabia	Ich
Ausbildung	*Studium der Betriebswirtschaft*	
Berufserfahrung		
Fortbildungen weitere Qualifikationen		
Sprachen		
Computerkenntnisse		

b Tragen Sie Ihre Fähigkeiten in die Tabelle ein.

8 Das Bewerbungsschreiben

a Lesen Sie die Bewerbung und die Tipps. Ergänzen Sie die Lücken.

Frau | Integrationskurs | Gespräch | freundlichen | Anzeige

Rabia Navid
Leinestrasse 12
12049 Berlin (Neukölln)

TIPP Absender mit Adresse und Kontaktdaten nicht vergessen!

E-Mail: rabia@navidnet.de
Telefon: 030 112233
Mobil: 01575 123456

TIPP Empfänger nicht vergessen, wenn möglich mit Ansprechpartner!

Steuerberater Riedel
Frau Milena Thomas
Lohmühlenstr. 30
12435 Berlin-Kreuzberg

TIPP Ort und Datum nicht vergessen

Berlin, 12. November 20__

TIPP Betreffzeile in Fettdruck nicht vergessen!

Ihre Stellenanzeige im Berliner Rundblick vom 10. November 20__; Bewerbung als Office Managerin

TIPP Anrede (Eine persönliche Anrede ist immer besser als eine neutrale.)

Sehr geehrte .... Thomas,

TIPP Einleitung nicht vergessen!

mit großem Interesse habe ich Ihre .... im Berliner Rundblick gelesen und möchte mich hiermit als Office Managerin bewerben.

TIPP Was Sie bisher gemacht haben (Ihre Ausbildung, Ihre Erfahrung) und warum Sie sich bewerben

Wie Sie meinem Lebenslauf entnehmen können, habe ich nach meinem Studium der Betriebswirtschaftslehre in Teheran 4 Monate in einem Telekommunikationsunternehmen als Assistentin der Geschäftsführung gearbeitet. Meine damaligen Aufgaben entsprachen zum Großteil dem von Ihnen geforderten Profil. Die von Ihnen offerierte Stelle wäre für mich insofern eine neue berufliche Herausforderung, als ich nach meinem erfolgreich absolvierten Integrationskurs nahtlos im Berufsleben Fuß fassen möchte.

TIPP Ihre Stärken und Fähigkeiten (Das kann ich!)

Meine Muttersprache ist Persisch. Daneben beherrsche ich nicht nur Englisch fließend in Wort und Schrift, sondern auch Wirtschaftsenglisch. Den .... habe ich mit einem Sprachtest (Niveau B1) erfolgreich abgeschlossen. Für das kommende Semester habe ich mich bei der Volkshochschule für den weiterführenden Abendkurs B2 eingeschrieben.

TIPP Schlusssatz nicht vergessen!

Über eine Einladung zu einem persönlichen .... würde ich mich freuen.

TIPP Gruß nicht vergessen!

Mit .... Grüßen

TIPP Unterschrift nicht vergessen!

Rabia Navid

TIPP Anlagen angeben! (Was Sie als E-Mail-Anhang versenden oder dem Schreiben beilegen, z.B. Zeugnisse/Zertifikate)

Anlagen:
Lebenslauf
Zeugnisse
Übersetzung der Zeugnisse
Sprachzertifikate

b Ihre Partnerin/Ihr Partner soll eine Bewerbung schreiben. Geben Sie ihr/ihm Tipps. Nehmen Sie die Tipps in 8a zu Hilfe.

c Suchen Sie auf deutschsprachigen Internetseiten nach Stellenangeboten, die zu Ihrem Profil passen. Schreiben Sie eine Bewerbung. Besprechen Sie die Bewerbungsschreiben im Kurs.

9 Das Vorstellungsgespräch

Seitdem ich in Deutschland bin, spreche ich jeden Tag Deutsch.

a Hören Sie Auszüge aus dem Vorstellungsgespräch zwischen Rabia und Herrn Riedel. Verbinden Sie dann die Sätze. 9

1 ☐ Bevor sie in Deutschland einen Integrationskurs gemacht hat,
2 ☐ Während Rabia studierte,
3 ☐ Nachdem sie ihr Studium abgeschlossen hatte,
4 ☐ Seitdem Rabia in Deutschland ist,

a besuchte sie einen Kurs in Wirtschaftsenglisch.
b spricht sie jeden Tag Deutsch.
c hat sie im Iran als Assistentin gearbeitet.
d hat sie Arbeit als Assistentin gefunden.

b Schreiben Sie die Sätze anders.

Sie hat im Iran als Assistentin gearbeitet, bevor sie in Deutschland einen Integrationskurs gemacht hat.

....

....

Bevor er sich anzog, duschte er.
Nachdem er geduscht hatte, zog er sich an.

Während er frühstückte, klingelte es.

c Verbinden Sie die Sätze mit *nachdem* und *seitdem*.

1 Elena arbeitet Vollzeit. Sie hat keine Zeit mehr für Sport.
2 Juri hat eine Fortbildung gemacht. Er hat einen besseren Job bekommen.
3 Rosanna hat ein Kind bekommen. Sie arbeitet nur noch vormittags.
4 Hans ist in Rente gegangen. Er ist sechs Wochen nach Australien gefahren.
5 Luisa hat ihren Realschulabschluss gemacht. Sie hat eine Ausbildung als Krankenschwester angefangen.
6 Hanna hat einen neuen Abteilungsleiter. Sie hat viel Stress auf der Arbeit.

d Was machen Sie *während* oder *bevor*, *nachdem* oder *seitdem*? Fragen und antworten Sie.

Was machst du, während du an der Bushaltestelle wartest?

Was hast du gemacht, nachdem du die Schule abgeschlossen hattest?

zur Arbeit gehen
die Ausbildung/das Studium anfangen
einkaufen
frühstücken
fernsehen
kochen
im Kurs sein
putzen
auf die Straßenbahn warten
in Urlaub fahren

Sprachbausteine

Qualifikationen/Fähigkeiten

die Ausbildung, die Berufserfahrung, die Computerkenntnisse, die Fortbildung, die Sprachkenntnisse, das Studium, die Teamfähigkeit, das Zeugnis, die Zuverlässigkeit, mein Herkunftsland/Heimatland, meine (zweite) Heimat, fremd sein, zu Hause sein, sich wohlfühlen, sich fremd fühlen

Stellenanzeigen

der Ansprechpartner, der abwechslungsreiche Arbeitsplatz, die flexible/geregelte Arbeitszeit, die Aufgabe, das Eintrittsdatum, die Festanstellung, der Firmensitz, das Gehalt, die Mittagspause, die Probezeit, der Urlaub

Stellengesuche

die Bewerbung, das Bewerbungsanschreiben, der Lebenslauf

Grammatik

***sein* und *haben* im Konjunktiv II**

Ich **wäre** gerne Bürokauffrau.
Hättest du gerne eine Arbeit im Büro?

***würden* + Infinitiv und *könnten* + Infinitiv**

Tom und Lisa **würden** gerne weniger Überstunden **machen**.

Ich **könnte** mich bei der Firma HX-Data **bewerben**.

Verwendung des Konjunktivs II

Höfliche Bitte
Würden Sie mir bitte Informationen über die Arbeitsstelle **geben**?

Könnten Sie mir bitte mehr Informationen über die Arbeitsstelle **geben**?

Wunsch
Ich **hätte** gern eine Arbeit im Büro.

Ratschlag
Du **könntest** dich bei der Firma HX-Data **bewerben**.

Sätze mit *bevor, nachdem, während, seitdem* verbinden

Olli **duschte**. (8 Uhr) erst Handlung 1 fertig →	Olli **putzte** sich die Zähne. (8:10 Uhr) danach Handlung 2
Olli **duschte**,	bevor er sich die Zähne putzte.
Nachdem Olli geduscht hatte,	**putzte** er sich die Zähne.
Olli **frühstückte**. (8:30 Uhr) Während Olli frühstückte, Es **klingelte**,	Es **klingelte**. (8:30 Uhr) **klingelte** es. während Olli frühstückte.
zur gleichen Zeit = gleichzeitig	
Rabia **ist** in Deutschland. bestimmter Zeitpunkt → Seitdem Rabia in Deutschland ist,	Sie **spricht** jeden Tag Deutsch. ab dann in die Zukunft **spricht** sie jeden Tag Deutsch.

9

Büroalltag

Ich würde gern …

Bei meiner Arbeit möchte ich …

Ich hätte gern … im Büro.

Wir können Heizkosten sparen, indem wir richtig lüften.

1 Energiesparen im Büro

a Rolf und Annegret Riedel leiten ein Steuerberaterbüro mit mehreren Mitarbeiterinnen und Mitarbeitern. Lesen Sie die E-Mail und ergänzen Sie.

belastet | besprechen | kommen | kostet | sammeln | sparen | ~~verbrauchen~~

Von	leitung@steuerberater.de
An	mitarbeitende@steuerberater.de
Betreff	Energiesparen

Liebe Mitarbeiterinnen und Mitarbeiter,

in unserem Arbeitsalltag *verbrauchen* wir oft mehr Energie als nötig. Das ___2___ die Umwelt und ___3___ zusätzlich Geld. Wir möchten deshalb mit Ihnen ___4___, was wir tun können, um in unserem Büro Energie zu ___5___. Bitte machen Sie sich Gedanken zu diesem Thema und ___6___ Sie Vorschläge. Wir freuen uns auf Ihre Ideen.

Die Besprechung findet am 9. Januar um 11:30 Uhr im kleinen Besprechungszimmer statt. Bitte ___7___ Sie pünktlich.

Mit besten Grüßen

Rolf und Annegret Riedel

Rolf Riedel

Annegret Riedel

b Lesen Sie die Sätze. Welches Verb passt nicht?

1. Man kann Kosten — senken | sparen | schützen | vergleichen.
2. Man kann Energie — belasten | sparen | verbrauchen | verschwenden.
3. Man kann die Umwelt — belasten | schonen | schützen | verschwenden.
4. Man kann Vorschläge — besprechen | fragen | machen | sammeln.
5. Man kann Geld — ausgeben | schaden | sparen | verschwenden.

2 Der Letzte macht das Licht aus.

10 **a** Rolf und Annegret Riedel begrüßen ihre Mitarbeiterinnen und Mitarbeiter im Besprechungsraum. Was sagt Frau Riedel? Hören Sie und kreuzen Sie an.

- ☐ Wir können die Umwelt schonen, **indem** wir Energie sparen.
- ☐ **Indem** wir Energie sparen, können wir die Umwelt schonen.

Wie/Auf welche Weise können wir die Umwelt schonen?
→ **Indem** wir Energie sparen.

b Sie hören Vorschläge von vier Mitarbeiterinnen und Mitarbeitern. Wie wird im Büro Energie verschwendet? Ergänzen Sie Rolf Riedels Notizen. 11

Besprechung Energiesparen 9.1.

Energieverschwendung bei uns:

1. *Damentoilette: Wasserhahn tropft*
2. *Fenster:*
3. *Drucker:*
4. *Geräte:*

c Hören Sie noch einmal. Welcher der Sätze A–F passt zu den Vorschlägen 1–4? Hören Sie dann noch einmal zur Kontrolle. 11

A Man kann Energie sparen, indem man Energiesparlampen verwendet.
B Man kann Strom sparen, indem man abends alle Geräte ausschaltet.
C Man kann Heizkosten sparen, indem man richtig lüftet.
D Man kann Papier sparen, indem man nicht alles ausdruckt.
E Man kann Wasser sparen, indem man kaputte Wasserhähne repariert.
F Man kann Kosten sparen, indem man Geräte gemeinsam benutzt.

Vorschlag 1	→ Satz *E*	Vorschlag 3	→ Satz ....
Vorschlag 2	→ Satz	Vorschlag 4	→ Satz ....

d Schreiben Sie die Sätze A–F um. Beginnen Sie mit *indem* … .

Indem man Energiesparlampen verwendet, kann man Energie sparen.

e Arbeiten Sie zu dritt. Wie kann man im Büro Energie sparen? Zwei Personen diskutieren und machen Vorschläge. Die beiden sind mit dem Vorschlag der anderen Person nicht einverstanden. Die dritte Person hilft bei der Kommunikation.

Nein, ich bin nicht einverstanden. Man spart mehr Energie, indem …

Mir gefallen beide Ideen. / Das finde ich eine gute Idee.

3 *An* oder *aus*? *Auf* oder *zu*?

Welche Verben passen?

anmachen | öffnen | aufdrehen | zumachen | ausschalten

Man kann die Heizung **anmachen/ausmachen** oder **aufdrehen/abdrehen**

Man kann das Licht .... /**ausmachen** oder **einschalten**/................

Man kann das Fenster .... / **schließen** oder **aufmachen**/................

Man kann den Wasserhahn ..../**zudrehen**

4 Könnten Sie ...?

12 **a** Rolf Riedel spricht mit seiner Mitarbeiterin Rabia Navid. Hören Sie das Gespräch. Entscheiden Sie, ob die Aussage richtig oder falsch ist und welche Antwort (a, b oder c) am besten passt.

1 Herr Riedel will den Wasserhahn auf der Damentoilette reparieren lassen.
☐ richtig ☐ falsch

2 Rabia soll
a ☐ dem Hausmeister eine E-Mail schreiben.
b ☐ den Hausmeister anrufen.
c ☐ die Telefonnummer des Hausmeisters notieren.

12 **b** Hören Sie noch einmal. Welche Wörter hören Sie?

wäre | würde | hätten | könnten

c Lesen Sie die Sätze und ergänzen Sie die Verben aus Übung b.

1 Ich .... gern den Wasserhahn reparieren lassen.
2 .... Sie bitte einen Handwerker anrufen?
3 Ich bin Büroassistentin, aber ich .... gern Chefin.
4 Wir .... gerne mehr Geld.

TIPP
Erinnern Sie sich noch an alle Formen von **wäre, würde, hätte** und **könnte**? Wiederholen Sie diese auf Seite 22.

5 Wenn ich könnte, würde ich ...

13 **a** Rabia hat mit dem Hausmeister telefoniert.
Sie möchte nun Rolf und Annegret Riedel von dem Gespräch berichten.
Hören Sie und beantworten Sie die Fragen.

1 Warum kann der Hausmeister den Wasserhahn nicht sofort reparieren?
2 Warum repariert Herr Riedel den Wasserhahn nicht selbst?
3 Warum repariert Frau Riedel den Wasserhahn nicht?
4 Wer soll den Wasserhahn reparieren?

13 **b** Hören Sie noch einmal. Was sagt Rolf? Und Annegret? Ergänzen Sie.

hätte | könnte | würde (2x)

Herr Riedel: Wenn ich ...., ... ich den Wasserhahn reparieren.
Frau Riedel: Wenn ich Zeit ...., dann .... ich das machen.

Vergleichen Sie.

Wenn ich Zeit **habe**,	(dann) **mache** ich das. (Vielleicht morgen oder übermorgen.)
Wenn ich Zeit **hätte**,	(dann) **würde** ich das **machen**. (Ich habe aber keine Zeit.)
Wenn wir Geld **haben**,	(dann) **kaufen** wir einen neuen Drucker. (Vielleicht nächsten Monat.)
Wenn wir Geld **hätten**,	(dann) **würden** wir einen neuen Drucker **kaufen**. (Wir haben aber kein Geld.)

c Was passt zusammen? Lesen Sie die Sätze und verbinden Sie.

1	Wenn du schneller **arbeiten würdest,**	a	**würde** ich dir **helfen**.
2	Wenn es draußen wärmer **wäre**,	b	dann **könntest** du früher nach Hause **gehen**.
3	Wenn ich den Schlüssel **hätte**,	c	dann **könnte** ich **ausschlafen**.
4	Wenn ich **könnte**,	d	**würde** ich das Fenster **aufmachen**.
5	Wenn heute Sonntag **wäre**,	e	dann **könnte** ich die Tür **aufschließen**.

d Rabia ärgert sich über ihren Chef. Was sagen ihre Kolleginnen und Kollegen? Ergänzen Sie.

Martin

Wenn ich der Chef ....1.......... (sein), dann .... ich einfach einen Handwerker ....2.......... (rufen).

*Wenn ich **könnte** (können), dann würde ich jetzt nach Hause **gehen** (gehen). Ich bin stinksauer!*

Lara

Wenn ich Zeit ....3.......... (haben), dann .... ich Rabia ....4.......... (helfen). Ich habe aber selbst noch so viel zu tun.

Alex

Wenn ich den Wasserhahn reparieren ....5.......... (müssen), ...6.......... (sein) ich auch sauer. Wir sind doch keine Handwerker, und das gehört nicht zu unseren Aufgaben.

	müssen
ich	müsste
du	müsstest
er/sie/es	müsste
wir	müssten
ihr	müsstet
sie/Sie	müssten

auch so: **wissen** - ich wüsste, ...

6 Wenn ich König von Deutschland wäre ...

a Arbeiten Sie zu zweit. Fragen Sie und antworten Sie.

1. Wären Sie gerne ein Vogel?
2. Hätten Sie gerne eine Million Euro?
3. Wären Sie gern deutsche/r Bundeskanzler/in?
4. Hätten Sie gerne ein eigenes Flugzeug?
5. Wären Sie gern der Chef/die Chefin in einer großen Firma?

Wärst du gerne ein Mann?

Nein. Wenn ich ein Mann wäre, müsste ich mich ja jeden Tag rasieren.

b Arbeiten Sie mit einer neuen Partnerin/einem neuen Partner. Berichten Sie, was Ihre Partnerin/Ihr Partner in 6a gesagt hat.

7 Sie brauchen sich nicht zu beeilen.

14 **a** Hören Sie das Gespräch und ergänzen Sie.

Sie müssen sie nur ausdrucken. | Sie brauchen sie nur auszudrucken. | das brauchen Sie doch nicht selbst zu machen. | das müssen Sie doch nicht selbst machen.

Rolf Riedel: Frau Navid, bevor ich es vergesse: Wir möchten in Zukunft mit einer neuen Reinigungsfirma zusammenarbeiten. Könnten Sie bitte den Vertrag mit der alten Firma kündigen?

Rabia Navid: Herr Riedel, ich ...

Rolf Riedel: Wenn Sie die Kündigung fertig haben, legen Sie sie mir bitte auf den Schreibtisch. ……… 1 ……… Ich unterschreibe sie dann.

Rabia Navid: In Ordnung. Ich mache das gleich morgen früh.

Rolf Riedel: Ich brauche die Kündigung schon heute Nachmittag. Sie muss heute noch abgeschickt werden.

Rabia Navid: Es tut mir leid, aber das schaffe ich nicht. Es ist jetzt 14 Uhr. Ich brauche etwa zwei Stunden, um die Unterlagen für Herrn Krüger vorzubereiten. Und dann muss ich ja noch den Wasserhahn reparieren.

Rolf Riedel: Frau Navid, ……… 2 ……… Rufen Sie doch die Handwerker!

Rabia Navid: Äh, aber Sie haben doch gesagt ...

Rolf Riedel: Es ist sehr nett, dass Sie sich gleich um die Kündigung kümmern. Bis 15 Uhr schaffen Sie das, nicht wahr? Mit den Unterlagen für Herrn Krüger brauchen Sie sich nicht zu beeilen. Das hat ja noch bis morgen früh Zeit.

14 **b** Hören und lesen Sie den Dialog noch einmal. Was sind Rabias Aufgaben? Wann muss was fertig sein? Was muss sie nicht tun?

Sie **müssen** das nicht machen.	=	Sie **brauchen** das **nicht zu** machen.
Sie **müssen** den Brief **nur** ausdrucken.	=	Sie **brauchen** den Brief **nur** aus**zu**drucken.

c Lesen Sie die Dialoge und variieren Sie.

▶ Ich muss noch den Hausmeister anrufen.
▷ Nein, du **brauchst** den Hausmeister **nicht anzurufen**. Das habe ich schon gemacht.

~~den Hausmeister anrufen~~ | die Heizung abdrehen | den Brief unterschreiben | den Drucker reparieren | den Kopierer ausschalten

▶ Hier sind die Unterlagen.
▷ Und was soll ich damit machen?
▶ Du **brauchst** sie nur **zu kopieren**.

~~die Unterlagen kopieren~~ | die Kündigung zur Post bringen | den Brief übersetzen | die Fotokopien abheften

d Und was müssen Sie oft machen? Was brauchen Sie nicht zu machen?

Ich brauche nicht zu kochen. Das macht meine Schwester. Ich muss aber immer spülen.

8 Kündigung

a Rabia schreibt die Kündigung an die Chefin der Reinigungsfirma, Frau Neuhaus. Lesen Sie den Text und schließen Sie die Lücken. Welche Lösung (a, b oder c) ist richtig?

Steuerberater Riedel & Riedel
Lohmühlenstr. 30 · 12435 Berlin–Kreuzberg

Firma Putzprofis
Jägerstraße 7
10117 Berlin

Berlin, den 09.01.20..

Kündigung des Reinigungsvertrags vom 01.06.20XX

Sehr *geehrte* Frau Neuhaus,

wir haben die Zusammenarbeit mit .... 2 .... Firma in den letzten zwei Jahren sehr geschätzt. Aus geschäftlichen Gründen haben wir uns .... 3 .... entschieden, die Zusammenarbeit zu beenden. Aus diesem Grund kündige ich den Vertrag mit der Nummer 260636 .... 4 .... zum 31. Januar 20XX.

.... 5 .... Sie uns die Kündigung und das Vertragsende bitte schriftlich bestätigen? Denken Sie bitte .... 6 .... daran, uns die Schlüssel zu unseren Büroräumen zum Vertragsende zu übergeben.

Wir .... 7 .... Ihnen für die gute Zusammenarbeit und bitten um Verständnis für unsere Entscheidung.

Mit .... 8 .... Grüßen

Rolf Riedel *Annegret Riedel*

1
a geehrte
b geehrten
c geehrter

2
a Ihrer
b meiner
c unserer

3
a darum
b deswegen
c trotzdem

4
a fristgerecht
b sofort
c spätestens

5
a Hätten
b Wären
c Würden

6
a auch
b deshalb
c seitdem

7
a bedanken
b bedanken uns
c danken

8
a freundlich
b freundliche
c freundlichen

b Die Kündigung enthält sechs wichtige Informationen. Lesen Sie den Text noch einmal ordnen Sie zu. Wo finden Sie welche Information?

Name und Anschrift des Absenders | Name und Anschrift des Empfängers | Grund der Kündigung | Vertragsnummer | Zeitpunkt, zu dem der Vertrag gekündigt werden soll | Bitte um Bestätigung der Kündigung

Sprachbausteine

Energiesparen

Energie verbrauchen, verschwenden, sparen
Energie-/Heiz-/Stromkosten sparen, senken
die Fenster auf-/zumachen, öffnen/schließen, kippen
das Licht/das Gerät an-/ausschalten, an-/ausmachen
die Heizung auf-/abdrehen, an-/ausmachen

Einen Dienstleistungsvertrag kündigen

Sehr geehrte/r Frau/Herr ...,
Hiermit kündige ich den Vertrag (Vertragsnummer XXX) fristgerecht zum 31.12.20XX.
Ich habe die Zusammenarbeit mit der Firma XY sehr geschätzt.
Ich danke Ihnen für die gute Zusammenarbeit./Ich bedanke mich für ...
Bitte bestätigen Sie die Kündigung/das Vertragsende schriftlich.
Mit freundlichen Grüßen

Grammatik

Sätze mit *indem* verbinden

Wir **schonen** die Umwelt, indem wir Energie sparen.
Man **kann** Strom sparen, indem man Energiesparlampen verwendet.
Man kann die Sätze auch umdrehen: Indem wir Energie sparen, **schonen** wir die Umwelt.

Konjunktiv II	
	müssen
ich	müsste
du	müsstest
er/sie/es	müsste
wir	müssten
ihr	müsstet
sie/Sie	müssten
auch so: **wissen** – ich wüsste, ...	

Irreale Bedingungssätze

Wenn ich mehr Geld **hätte**, (dann) **könnte** ich den Drucker **kaufen**.
Wenn ich **könnte**, (dann) **würde** ich dir **helfen**.
Wenn heute Sonntag **wäre**, (dann) **müsste** ich nicht zur Arbeit **gehen**.
Wenn ich es **wüsste**, (dann) **würde** ich es dir **sagen**.

***müssen* + Infinitiv**

Sie **müssen** die Kündigung **ausdrucken**.
Sie **müssen** den Brief nicht **unterschreiben**.

***nicht brauchen* + *zu* + Infinitiv**

Sie **brauchen** den Brief **nicht** **zu** unterschreiben.

***nur brauchen* + *zu* + Infinitiv**

Sie **brauchen** den Brief **nur** aus**zu**drucken.

***brauchen* + *kein/keine/keinen* + *zu* + Infinitiv**

Sie **brauchen** **keine** Kündigung **zu** schreiben.

Gesunde Ernährung

> Was essen Rabia, Joana und Karim auf dem Foto? Ist das gesund?

> Wo sind die drei?

10 Würden Sie gern mehr Bioprodukte kaufen?

1 Vegetarisch oder ...

15 **a** Sie hören vier Aussagen. Welche Aussage passt zu welchem Bild? Ordnen Sie zu.

A

Aussage ☐

B

Aussage ☐

C

Aussage ☐

D

Aussage ☐

15 **b** Hören Sie noch einmal und beantworten Sie die Fragen.

Aussage 1: Seit wann ist die Frau Vegetarierin?
Aussage 2: Wo kauft der Mann glutenfreie Lebensmittel?
Aussage 3: Was isst der Mann manchmal mittags?
Aussage 4: Welches Problem sieht die Frau bei Fertiggerichten?

c Ergänzen Sie den Konjunktiv II.

> „Biologisch“ oder kurz „bio“ heißen in Deutschland, Österreich und der Schweiz Lebensmittel aus ökologischer Herstellung.

könnte | würde | wäre | hätte

1 .... ich doch schon immer Vegetarierin!
2 Viele Menschen leiden darunter, sonst .... es kein so großes Angebot geben.
3 Ich .... nicht auf Fleisch verzichten.
4 Ich .... nicht gedacht, dass industriell hergestellte Lebensmittel so viele Zusatzstoffe enthalten.

d Sprechen Sie mit Ihrer Partnerin/Ihrem Partner. Fragen und antworten Sie.

Wärst du gerne Vegetarier?

Nein, ich könnte nicht auf Fleisch verzichten.

Könntest du dir vorstellen, nur noch Bioprodukte zu kaufen?

Ja, wenn sie nicht so teuer wären.

2 Gesundheitliche Probleme

a Ergänzen Sie *hätte* oder *wäre* und das Partizip II von *essen*, *gehen* und *machen*.

1 .... ich doch nicht so viel Süßes ....,
dann müsste ich jetzt nicht abnehmen.

2 .... ich doch bloß früher zum Arzt ....,
dann wäre ich jetzt bestimmt gesund.

3 .... ich doch schon immer Sport ....,
dann könnte ich länger joggen.

b Was hätten Sie besser anders gemacht? Schreiben Sie fünf Sätze mit *hätte/wäre*.

Hätte ich bloß nie zu rauchen begonnen, dann wäre ich heute fit.
Wäre ich früher häufiger zum Sport gegangen, dann hätte ich heute weniger Probleme.

3 Essgewohnheiten

a Hören Sie den Dialog. Sind die Aussagen richtig oder falsch? Markieren Sie. 16

		✓	✗
1	Ana und Tayo wollen am Wochenende kochen.	☐	☐
2	Ana kann leider nicht kommen.	☐	☐
3	Michaela kocht immer vegan.	☐	☐
4	Tayo ist Vegetarier.	☐	☐
5	Michaela kocht Fleischgerichte.	☐	☐
6	Ana isst gerne Käse.	☐	☐
7	Ana verträgt keine Milch.	☐	☐

b Und Sie? Achten Sie auf Ihre Ernährung? Wie ernähren Sie sich? Was essen Sie? Essen Sie alles? Sind Sie Vegetarier, Veganer? Essen Sie laktosefreie oder glutenfreie Produkte? Sprechen Sie miteinander und machen Sie sich Notizen. Erzählen Sie dann im Plenum, was die anderen gesagt haben.

Person	nicht gerne/nie	Grund
Maya	*Haselnüsse*	*Allergie*
Ikram	*Schweinefleisch*	*Religion*

Maya isst nie Haselnüsse. Sie ist allergisch gegen Haselnüsse.

4 Kulinarische Wünsche

Wo oder was würden Sie gerne mal essen? Welche Wünsche haben Sie?

Ich würde gerne mal indisches Essen probieren.

Ein Fünf-Gänge-Menü bei einem Sternekoch würde mir sehr gefallen.

5 Worauf achtest du?

darüber | daran | davon | dafür | daraus | darauf | für sie | mit ihm

Ergänzen Sie.

▶ Worauf achtest du beim Einkaufen?
▷ Ich achte immer auf den Preis. ……1…… muss ich immer schauen.

▶ Diskutierst du viel mit deinem Gemüsehändler?
▷ Ja, ……2…… diskutiere ich immer darüber, was die beste Ware ist.

▶ Wofür gibst du so viel Geld aus? Für Biofleisch?
▷ Ja, ……3…… gebe ich sogar sehr viel Geld aus.

▶ Worüber hast du mit dem Gemüsehändler diskutiert?
▷ Über den Anbau von Biotomaten. ……4…… habe ich einiges gelesen.

▶ Kochst du für deine Frau immer glutenfrei?
▷ Ja, das mache ich ……5…… . Sie verträgt kein Getreide.

▶ Woraus bestehen diese Bionudeln? Aus biologisch angebautem Hartweizen?
▷ Ja, ……6…… bestehen alle Bionudeln dieser Firma.

▶ Woran kann man gutes Fleisch erkennen?
▷ Am Aussehen. ……7…… erkennt man immer Qualität.

für etwas → dafür
für eine Person → für sie/ihn

6 Ernährung

a Schauen Sie sich die Abbildung an und ordnen Sie die Lebensmittelgruppen zu.

1 Milchprodukte ☐
2 Obst und Gemüse ☐
3 Getreide, Kartoffeln, Nudeln ☐
4 Tierische Produkte ☐
5 Süßes und Fette ☐

b Diskutieren Sie. Zeigt die Abbildung eine gesunde Ernährung? Was würden Sie empfehlen?

7 Fleischlos glücklich

a Lesen Sie Michaelas Bericht und ergänzen Sie.

irgendwelche | irgendwann | irgendwo | irgendwie | irgendwer | niemand | niemanden | niemandem | jemand | jemanden | jemandem

Nun, ich bin seit zehn Jahren Vegetarierin. __________ 1 __________ konnte ich kein Fleisch mehr essen. Ich habe es nie so gerne gemocht. __________ 2 __________ hat mir ein vegetarisches Kochbuch geliehen und ich habe mein erstes Rezept ausprobiert. __________ 3 __________ habe ich dann einen Zeitungsbericht über die Massentierhaltung und __________ 4 __________ Medikamente gelesen. Die Tiere wurden unter furchtbaren Bedingungen gehalten und __________ 5 __________ schien dies zu stören. Auf einem Gesundheitstag habe ich dann mit __________ 6 __________ gesprochen, der sich schon seit vielen Jahren mit fleischfreier Kost auseinandersetzt. Das hat mich dann __________ 7 __________ überzeugt. Anfangs hat das zu Hause __________ 8 __________ bemerkt, dass ich keine Wurst und kein Fleisch mehr gegessen habe. __________ 9 __________ aus dem Freundeskreis hat mich dann gefragt. Anfangs konnte ich auch mit __________ 10 __________ so richtig darüber sprechen, weil die meisten kein Verständnis hatten. Aber heute treffe ich überall auf __________ 11 __________, der sich vegetarisch oder sogar vegan ernährt. Ich glaube, dass sich heute immer mehr Menschen bewusst ernähren und sich Gedanken darüber machen, was sie essen.

Personen

Nominativ	**Akkusativ**	**Dativ**
niemand	niemand<u>en</u>	niemand<u>em</u>
jemand	jemand<u>en</u>	jemand<u>em</u>

b Michaela fragt ihren Arzt, Dr. Yilmaz, wie sie sich gesund ernähren kann. Hören Sie den Dialog. Was empfiehlt Dr. Yilmaz? Kreuzen Sie an. 17

1 Michaela soll als Vegetarierin häufig
- a ☐ Hülsenfrüchte essen.
- b ☐ Nährstoffe essen.
- c ☐ Nudeln essen.

2 Michaela isst gerne
- a ☐ Fertiggerichte.
- b ☐ Fisch.
- c ☐ Fleisch.

3 Wie viel Fleisch sollte man essen?
- a ☐ 6 kg pro Woche
- b ☐ 600 g pro Tag
- c ☐ 600 g pro Woche

c Welche Hülsenfrüchte kennen Sie? Sammeln Sie.

8 Ernährung in Deutschland – eine Umfrage

a Michaelas Krankenkasse hat eine Studie über die Ernährungsgewohnheiten der Deutschen gemacht. Lesen Sie die Ergebnisse und markieren Sie die wichtigsten Informationen. Ordnen Sie dann den Abschnitten die richtigen Überschriften zu.

Deutschland – Fleischland | Essen nebenbei | ~~Essen: für jeden Zweiten wichtig~~ | Fix und fertig | Frustesser | Gesunde Ernährung und Berufstätigkeit | Kochen in weiblicher Hand | Nicht nur „coffee to go"

Iss was, Deutschland?

1 *Essen: für jeden Zweiten wichtig*

Für die Hälfte der Menschen in Deutschland ist Essen wichtig. Allerdings bedeutet dies auch, dass es für 50 % keine große Bedeutung hat. Nur jeder Zehnte behauptet von sich, sich gesund zu ernähren. Insbesondere junge Menschen unter 25 achten in der Regel nicht darauf, was sie essen. Neben dem Alter spielen auch das Einkommen und der Bildungsstand eine wichtige Rolle. Menschen mit besserer Schulbildung und gutem Einkommen ernähren sich gesünder.

2 ....

Durchschnittlich isst die Hälfte der Bevölkerung jeden Tag Fleisch oder Wurst. Vor allem junge Leute und Männer essen Fleisch. Daran ändert der Trend zur vegetarischen Ernährung nur wenig.

3 ....

Auch wenn Frauen sich eigentlich gut ernähren, ist bei Frust plötzlich alles egal. 40 % der Frauen essen ungesund und viel, wenn sie schlechte Laune haben. Bei Männern sind es nur 20 %.

4 ....

Im Durchschnitt essen vier von zehn Deutschen ein bis zwei Mal in der Woche fertige Gerichte wie Tütensuppe und Tiefkühlpizza. 50 % der Bevölkerung geben Zeitmangel und Stress als Hauptgründe für den Verzehr von Fertiggerichten an. Bei den unter 25-Jährigen sind es sogar zwei Drittel. Jeder dritte mit niedrigem Einkommen gibt an, Fastfood und Fertiggerichte seien billiger als gesunde Ernährung.

5 ....

80 % der Frauen, aber nur 35 % der Männer kochen zu Hause. Kochen ist im Alltag also immer noch Frauensache. 93 % der kochenden Frauen behaupten sogar von sich, gut bis sehr gut kochen zu können. Anders ist das bei den Männern – nur vier von zehn Männern sagen von sich selbst, sie könnten ein bisschen kochen. Nur in der Hälfte der Haushalte wird täglich frisch gekocht. Der Hauptgrund dafür ist meist Zeitmangel.

6 ....

Bei fast jedem Dritten läuft während des Essens der Fernseher oder sogar der Computer oder das Smartphone. Je jünger die Esser, desto mehr ist Essen eine Nebensache. Ebenso ist das Naschverhalten: Bei den 18- bis 35-Jährigen nascht jeder Dritte beim Fernsehen oder beim Surfen im Internet.

7 ....

Unterwegs schnell etwas zu essen – quasi im Vorbeigehen – wird immer beliebter. Jeder Dritte unter 25 isst dreimal in der Woche unterwegs. Mit zunehmendem Alter isst man weniger unterwegs.

8 ....

Sich am Arbeitsplatz gesund zu ernähren fällt vielen schwer. Ein Drittel aller Befragten gibt schlechte Bedingungen am Arbeitsplatz als Grund für die schlechte Ernährung an. Als Hauptgrund wird der Zeitmangel angegeben.

b Lesen Sie die Aussagen und markieren Sie richtig oder falsch.

		✓	✗
1	50 % der Deutschen legen Wert auf gesunde Ernährung.	☐	☐
2	Junge Menschen unter 25 achten besonders auf ihre Ernährung.	☐	☐
3	30 % der Deutschen essen jeden Tag Fleisch.	☐	☐
4	Erwachsene über 25 essen im Durchschnitt ein bis zwei Mal in der Woche Fertiggerichte.	☐	☐
5	Bei Stress und Problemen essen insbesondere Frauen eher ungesund.	☐	☐
6	Fastfood und Fertiggerichte werden oft gegessen, weil es schnell geht.	☐	☐
7	Im Alltag kochen 93 % der Frauen zu Hause.	☐	☐
8	55 % der Deutschen schauen beim Essen fern oder aufs Smartphone.	☐	☐
9	Menschen mit wenig Einkommen essen gerne unterwegs.	☐	☐
10	Gesunde Ernährung und Arbeit sind schwer vereinbar.	☐	☐

c Formulieren Sie Fragen zur Ernährung. Machen Sie eine Umfrage im Kurs.
Schreiben Sie einen Text oder entwickeln sie Schaubilder. Präsentieren Sie das Ergebnis.

Fertiggerichte
60 % der Befragten kochen selbst.
Aber 40 % machen sich Fertiggerichte warm.
...

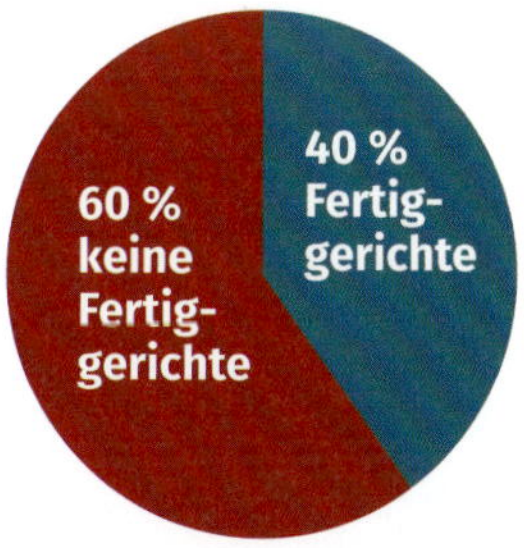

9 Zeit, etwas zu ändern?

a Was möchten Sie in Zukunft anders machen? Schreiben Sie.

Ich möchte in Zukunft weniger rauchen und etwas mehr Sport machen. Dann möchte ich auch mehr Obst essen und weniger Fast Food. Vielleicht mache ich auch einen Kochkurs oder ich frage meine Krankenkasse, ob sie Gesundheitskurse oder eine Ernährungsberatung anbietet ...

b Lesen Sie den Text Ihrer Partnerin/Ihres Partners. Arbeiten Sie dann mit einer weiteren Person und erzählen Sie ihr, was Sie gelesen haben.

c Sie möchten einen Kurs machen. Vielleicht bezahlt ihn Ihre Krankenkasse?
Sie brauchen mehr Informationen. Schreiben Sie einen Brief an Ihre Krankenkasse.
Schreiben Sie etwas zu folgenden Punkten.

- Kurs (Gesundheit/Sport/Kochen/spezielle Kurse z. B. für Diabetiker ...)
- Kosten
- Termine
- Institutionen

Sprachbausteine

Ernährungsstile

glutenfrei, laktosefrei, vegan, vegetarisch
das Bioprodukt, das Fastfood, das Fertiggericht, das frische Essen, das industriell hergestellte Lebensmittel, der Zusatzstoff

Lebensmittel

das Milchprodukt, das Getreide, das tierische/pflanzliche Produkt, das Süße, das Fett, der Nährstoff, die Hülsenfrucht

Verben

achten auf
allergisch sein auf/gegen
bestehen aus
sich bewusst/gesund ernähren
enthalten
erkennen an
sich Gedanken machen über
Geld ausgeben für
(bewusst) genießen
kochen für
leiden an/unter
probieren
vertragen
verzichten auf
zubereiten aus

Grammatik

Konjunktiv II der Vergangenheit (*sein/haben* im Konkunktiv II + Partizip II)

Wäre ich doch viel früher Vegetarierin **geworden**.
Ich **hätte** nicht **gedacht**, dass in Fertiggerichten so viele Zusatzstoffe enthalten sind.

Präpositionaladverbien

Fragewort	Präpositionaladverbien	Präposition
Wo**für**	da**für**	**für**
Wo**mit**	da**mit**	**mit**
Wo**rauf**	da**rauf**	**auf**
Wo**rüber**	da**rüber**	**über**
Wo**raus**	da**raus**	**aus**
Wo**von**	da**von**	**von**
Wo**ran**	da**ran**	**an**
Wo**rum**	da**rum**	**um**

Folgt eine Präposition mit Vokal oder Umlaut am Anfang (auf, über, aus, an, um) wird ein **r** eingefügt.

Indefinitpronomen *irgend-*

irgendwelche, irgendwann, irgendwo, irgendwie, irgendwer, irgendwas

Indefinitpronomen für Personen: *jemand/niemand*

Wer? Nominativ	Wen? Akkusativ	Wem? Dativ
niemand	niemanden	niemandem
jemand	jemanden	jemandem

11

Gut versichert!

Krankenversicherung

Haftpflichtversicherung

Versicherungen

...

Kaskoversicherung

1 Die richtige Versicherung

a Ella und Martin Krüger haben sich ein Auto gekauft. Bevor sie es zulassen können, brauchen sie noch die richtige Versicherung. Lesen Sie den Text und entscheiden Sie, ob die Aussagen richtig oder falsch sind.

Die Kfz-Haftpflichtversicherung

Wer mit seinem Auto, Mofa oder Motorrad auf der Straße unterwegs ist, braucht eine Kfz-Haftpflichtversicherung. Sie ist in Deutschland gesetzlich vorgeschrieben und kommt für Sach- und Personenschäden auf, die Sie im Straßenverkehr verursachen. Wenn Sie zum Beispiel bei Rot über die Ampel fahren und mit einem Auto zusammenstoßen, zahlt Ihre Haftpflichtversicherung für die Reparatur des anderen Autos. Wenn der Fahrer bei dem Unfall verletzt wird, übernimmt sie auch die Kosten für die ärztliche Behandlung. Für Schäden an Ihrem eigenen Fahrzeug kommt die Haftpflichtversicherung dagegen nicht auf.

Die Kaskoversicherung

Die Kaskoversicherung ist eine freiwillige Zusatzversicherung, die Schäden an Ihrem eigenen Fahrzeug abdeckt. Bei der Kaskoversicherung können Sie zwischen Teil- und Vollkasko wählen. Die Teilkasko kommt für Schäden auf, die durch Hagel, Feuer, Überschwemmung oder Sturm entstehen (z. B., wenn ein umfallender Baum ihr Auto beschädigt). Sie zahlt aber auch bei Diebstahl oder Einbruch. Die Vollkasko bietet einen noch größeren Versicherungsschutz, sie ist aber auch teurer. Deshalb sollte man sich gut überlegen, ob eine Vollkaskoversicherung sinnvoll ist.

Die Versicherung zahlt.

Man sagt auch:
... **kommt** für den Schaden **auf**.
... **deckt** den Schaden **ab**.
... **reguliert** den Schaden.
... **übernimmt** die Kosten.

		✓	✗
1	Die Kfz-Haftpflichtversicherung ist freiwillig.	☐	☐
2	Die Haftpflichtversicherung zahlt nicht für die Reparatur Ihres eigenen Autos.	☐	☐
3	Wenn Ihr Auto durch ein Unwetter beschädigt wird, zahlt die Kaskoversicherung.	☐	☐
4	Wenn Ihr Auto gestohlen wird, gibt es kein Geld von der Kaskoversicherung.	☐	☐
5	Jeder Autofahrer sollte eine Vollkaskoversicherung haben.	☐	☐

b Was bedeuten diese Wörter? Verbinden Sie.

1	**beschädigen**	a	eine verletzte Person
2	**Sachschaden**	b	wenn jemand etwas nimmt, das ihm nicht gehört
3	**Personenschaden**	c	wenn die Versicherung die Kosten übernimmt
4	**Diebstahl**	d	etwas kaputt machen
5	**aufkommen für**	e	eine kaputte Sache

Ein beschädigtes Fahrrad

2 Neu oder gebraucht?

a Ella erzählt einer Freundin von ihrem neuen Auto. Hören und ergänzen Sie. 18

gebrauchtes | neues

Marlene: Martin hat erzählt, dass ihr ein .... Auto gekauft habt.

Ella: Na ja, es ist ein .... Auto, aber für uns ist es neu. Jetzt brauchen wir nur noch die richtige Versicherung, und dann können wir losfahren!

b Schreiben Sie wie im Beispiel.

Auto + brauchen:	ein Auto, das **gebraucht** ist	=	ein **gebrauchtes** Auto
Tür + öffnen:	eine Tür, die **geöffnet** wurde	=	eine **geöffnete** Tür

ein Auto, das **gestohlen** wurde = *ein gestohlenes Auto*

1 ein Fenster, das **geöffnet** wurde = ...

2 eine Frau, die **verletzt** wurde = ...

3 ein Baum, der **umgefallen** ist = ...

4 ein Einbrecher, der **gesucht** wird = ...

5 Preise, die **gestiegen** sind = ...

6 ein Fahrer, der **betrunken** ist = ...

c Was passt zusammen? Schreiben Sie sinnvolle Möglichkeiten auf.

Beispiele: *ein gestohlenes Fahrrad, ein umgefallenes Fahrrad, ein verlorener Schlüssel etc.*

(das) Fahrrad | (der) Schlüssel | (die) Tür | (der) Dieb | (der) Computer | (die) Person | (das) Auto | (der) Gebrauchtwagen | (das) Dach

beschädigen | stehlen | verlieren | schließen | reparieren | waschen | suchen | finden | umfallen | verletzen | kaufen

d Ergänzen Sie die Endungen im Dativ und Akkusativ.

1 Der Rettungswagen hat den verletzt........ Fahrer ins Krankenhaus gebracht.

2 Der Dieb ist mit dem gestohlen........ Auto weggefahren.

3 Der Einbrecher ist durch die geöffnet........ Balkontür ins Haus gekommen.

4 Die Versicherung übernimmt die Kosten für das beschädigt........ Dach.

5 Das Auto wurde von einem betrunken........ Motorradfahrer beschädigt.

TIPP

Wenn Sie bei den Endungen noch einige Fehler machen, ist das nicht schlimm. Übung macht den Meister!

3 Gut, besser, Traumauto!

a Wie heißen die Autos? Schreiben Sie die Begriffe unter die Bilder.

der Kleinwagen | das SUV | der Oldtimer | der Sportwagen

„SUV“ *(Sport Utility Vehicle)* und **„Oldtimer“** kommen aus dem Englischen.

1 .... 2 .... 3 .... 4 ....

b Vergleichen Sie die Autos. Die Wörter im grauen Kasten helfen Ihnen. Sie können auch andere Wörter verwenden.

▶ Das SUV **hat mehr PS als** der Kleinwagen.

▷ Der Kleinwagen ist aber viel **preiswerter.**

PS = Pferdestärke; Leistung des Autos

groß/klein	viel PS/wenig PS
viel Platz/wenig Platz	schnell/langsam
günstig, preiswert/teuer	alt/neu

4 Je billiger, desto besser?

19 **a** Ella und Martin vergleichen verschiedene Autoversicherungen im Internet. Hören Sie und kreuzen Sie an. Wer sagt was?

		Ella	Martin
1	Je mehr Angebote ich lese, desto unsicherer werde ich.	☐	☐
2	Je preiswerter, desto besser.	☐	☐
3	Je schneller, umso besser.	☐	☐
4	Je länger ich darüber nachdenke, umso besser gefällt mir die Idee.	☐	☐

Je mehr Angebote ich lese, **desto** besser bin ich informiert.
Je mehr, **desto** besser.

Sie können auch ***umso*** statt ***desto*** sagen.

b Sehen Sie sich noch einmal die Autos in Übung 3a an. Wie würden Sie Ihr Traumauto beschreiben? Bilden Sie Sätze mit *je ..., desto ....*

*Mein Traumauto soll klein sein: **je** kleiner, **desto** besser.*

Wieso???

Dann finde ich leichter eine Parklücke.

c Arbeiten Sie zu dritt. Zwei Personen diskutieren und beschreiben noch einmal ihr Traumauto. Sie haben unterschiedliche Meinungen. Die dritte Person hilft bei der Kommunikation.

Warum??? So ein Auto finde ich überhaupt nicht praktisch.

Ich finde beide Autos sehr praktisch, weil …

d Wie können Sie die Sätze 1 bis 5 beenden? Ordnen Sie zu. Es gibt mehrere Möglichkeiten.

1 Je mehr PS das Auto hat,
2 Je schneller du fährst,
3 Je kleiner das Auto ist,
4 Je früher du losfährst,
5 Je schlechter das Wetter ist,

a desto leichter findet man einen Parkplatz.
b desto teurer ist die Versicherung.
c desto größer ist die Unfallgefahr.
d desto mehr Zeit hast du.
e desto vorsichtiger sollte man fahren.
f desto höher ist der Benzinverbrauch.
g desto eher kommst du an.

e Schreiben Sie Sätze mit *je …., desto* über sich.

1 Je länger ich Deutsch lerne, ...
2 Je älter ich werde, ...
3 Je schöner das Wetter ist, ...
4 Je ....

5 Bei der Versicherung

a Ella und Martin sprechen mit einer Beraterin der Versicherung. Hören Sie Teil 1 des Gesprächs und beantworten Sie die Fragen. 20

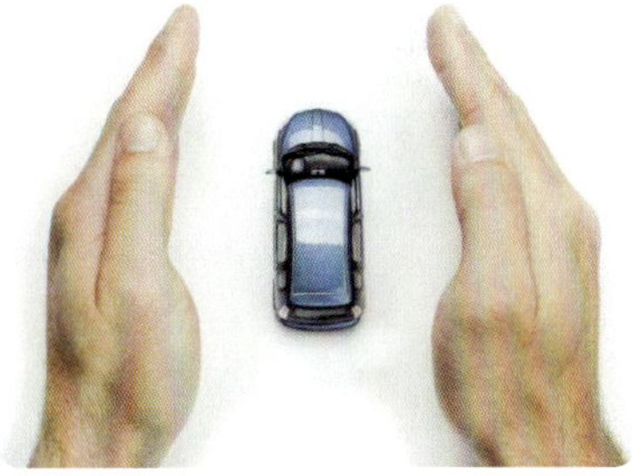

1 Wie viel PS hat das Auto von Ella und Martin?
2 Wozu brauchen Ella und Martin das Auto?
3 Wie viele Kilometer werden sie voraussichtlich im Jahr fahren?
4 Wo werden sie das Auto parken?

b Ella und Martin haben sich entschieden, eine Haftpflichtversicherung abzuschließen. Hören Sie jetzt Teil 2 des Gesprächs. Was ist richtig: a, b oder c? 21

Die Beraterin empfiehlt,
a ☐ eine Teilkaskoversicherung abzuschließen.
b ☐ eine Vollkaskoversicherung abzuschließen.
c ☐ zwei Zusatzversicherungen abzuschließen.

> eine Versicherung abschließen, kündigen

> sich lohnen
> Das lohnt sich (nicht).

c Rollenspiel „Bei der Versicherung"
TN A Sie haben Ihr Traumauto gekauft und möchten eine Versicherung dafür abschließen.
TN B Sie sind Versicherungsberaterin/Versicherungsberater. Stellen Sie Fragen wie in Übung 5a. Fragen Sie auch nach der Automarke und dem Modell.

6 Die Stoßstange ist kaputt.

Was ist das? Ergänzen Sie.

der Blinker | der Kofferraum | die Motorhaube | das Nummernschild | das Rad/der Reifen | das Rücklicht | ~~die Rückscheibe~~ | der Scheinwerfer | der Außenspiegel | ~~die Stoßstange~~ | die Tür | die Windschutzscheibe

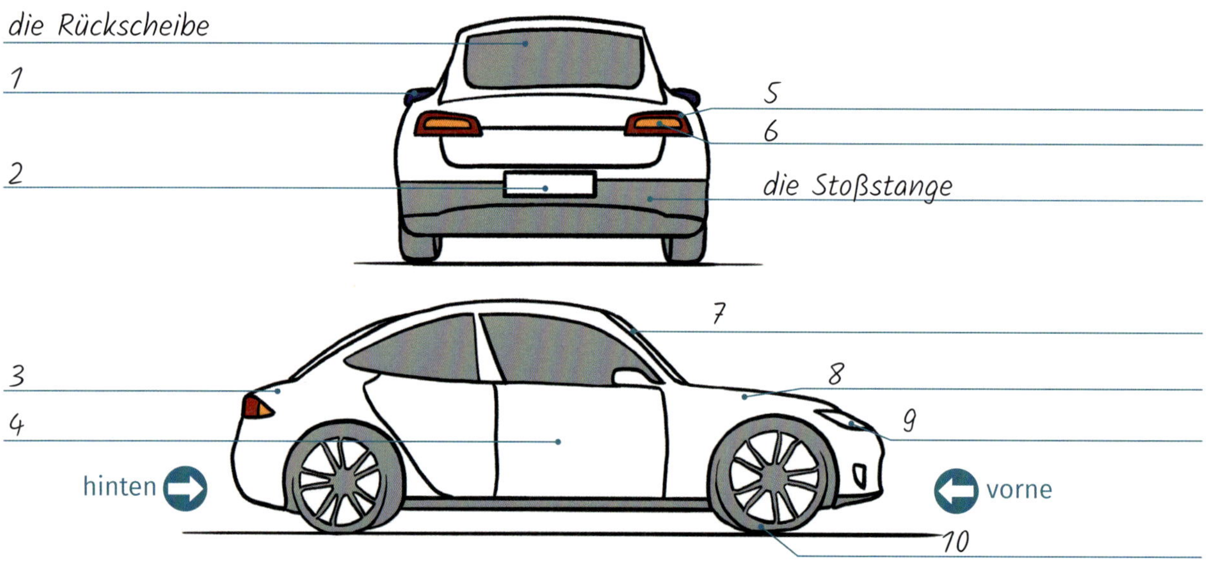

7 So ein Pech!

Lesen Sie die drei Geschichten und erzählen Sie mit Ihren eigenen Worten:
Wann/Wie ist der Unfall passiert? Welchen Schaden haben Nikolas, Sandra und Malik verursacht?

Nikolas:
Am letzten Freitag wollte ich meine Freundin mit einem romantischen Abendessen überraschen. Ich hatte für 19 Uhr einen Tisch bei unserem Lieblingsitaliener reserviert. Normalerweise habe ich freitags früh Feierabend, aber an diesem Tag war ich richtig spät dran. Um kurz vor sieben rannte ich aus dem Büro und zu meinem Auto, das ich auf dem Parkplatz der Firma geparkt hatte. Ich startete den Motor und fuhr mit quietschenden Reifen rückwärts aus der Parklücke, als ich plötzlich ein lautes KRATSCH hörte. Ich hatte wohl nicht aufgepasst und versehentlich das Nachbarauto angefahren. Es hat jetzt einen Kratzer an der hinteren Stoßstange. Kein großer Schaden, aber trotzdem ärgerlich: Das Auto gehört nämlich meinem Chef!

Sandra:
Ich habe vor zwei Wochen eine Freundin besucht, die in einem kleinen Dorf in der Schweiz wohnt. Morgens wollte ich sie überraschen und frische Brötchen vom Bäcker holen. Ich fuhr sehr vorsichtig, denn in der Nacht davor hatte es geschneit und die Straßen waren glatt. Auf einem Hügel begann mein Auto plötzlich zu rutschen. Ich konnte nicht mehr lenken und auch nicht bremsen. Am Ende der Straße krachte ich in ein Auto, das am Straßenrand geparkt war. Der Schaden war ziemlich groß: Beide Türen auf der Fahrerseite waren kaputt und der Außenspiegel auch.

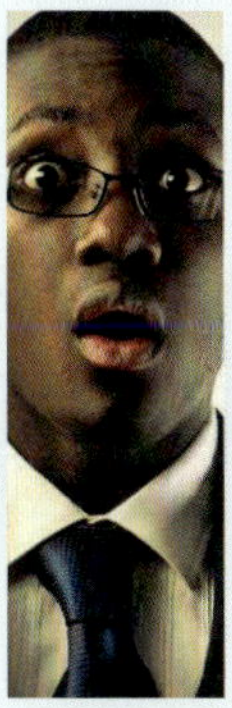

Malik:
Letzten Monat wurde in meiner Stadt ein neuer Golfplatz eröffnet. Ich wollte schon immer Golf spielen und meldete mich zu einem Schnupperkurs an. Nach dem ersten Tag war ich total frustriert, weil ich keinen einzigen Ball getroffen hatte. Am zweiten Tag war ich auch nicht sehr optimistisch. Ich legte den Golfball auf den kleinen Plastikstift, der im Boden steckt, und schwang den Schläger. Der Ball flog und flog. Ich hatte tatsächlich getroffen! Leider dauerte meine Freude darüber nicht lange an. Der Golfball flog auf den Parkplatz und landete mitten auf der Windschutzscheibe eines geparkten Autos. Die Scheibe war natürlich kaputt. Zum Glück habe ich eine Versicherung, aber zum Golfspielen habe ich jetzt keine Lust mehr.

8 Was war passiert?

a Lesen Sie die Texte in Übung 7 noch einmal und ergänzen Sie.

1 Nikolas wollte mit seiner Freundin essen gehen. Davor hatte er einen Tisch ....
2 Die Straßen waren glatt. In der Nacht davor .... es ....
3 Malik war frustriert, weil er keinen einzigen Ball ....

b Sehen Sie sich die Beispiele an und ergänzen Sie die Sätze.

Als ich zum Parkplatz kam, war mein Auto nicht mehr da. Jemand **hatte** es **gestohlen**.

Als Nikolas nach Hause kam, war seine Freundin nicht da. Sie **war** ins Kino **gegangen**.

1 Die Straße war nass. Es *hatte* den ganzen Vormittag *geregnet* (regnen).
2 Warum ist der Unfall passiert? – Der Fahrer .... Alkohol .... (trinken).
3 Als ich zum Bahnhof kam, war der Zug weg. Er .... schon .... (abfahren).
4 Wir konnten das Auto nicht kaufen. Wir .... nicht genug Geld .... (sparen).
5 Als ich nach Hause kam, sah ich, dass jemand .... (einbrechen).
6 Er musste den Schaden selbst bezahlen. Er .... vorher keine Versicherung .... (abschließen).

9 Wie ist das passiert?

a Ella und Martin hatten mit ihrem Auto einen kleinen Unfall. Sehen Sie sich das Foto und die Wörter im Kasten an. Überlegen Sie, was passiert ist, und schreiben Sie die Geschichte auf.

gestern Abend, Supermarkt, eingekauft, Parkplatz, Parklücke, dunkel, Regen, Auto angefahren

b Ella meldet den Schaden bei der Versicherung. Hören Sie und vergleichen Sie Ellas Geschichte mit Ihrer Geschichte. Welche Unterschiede gibt es? 22

versehentlich ≠ absichtlich

Sprachbausteine

Die Autoversicherung

eine Versicherung abschließen, die Kfz-Haftpflichtversicherung, die Kaskoversicherung (Vollkasko, Teilkasko), für den Schaden aufkommen, den Schaden abdecken, den Schaden regulieren, die Kosten übernehmen, der Sachschaden, der Personenschaden

Autoteile

der Blinker, der Kofferraum, die Motorhaube, das Nummernschild, das Rad, der Reifen, das Rücklicht, die Rückscheibe, der Scheinwerfer, der Spiegel, die Stoßstange, die Tür, die Windschutzscheibe

Einen Schaden melden

Wann/wo ist der Unfall passiert? – Gestern um 19.30 Uhr in der Mühlenstraße.

Wie ist der Unfall passiert? – Ich habe beim Einparken versehentlich ein anderes Auto angefahren.

Welcher Schaden ist entstanden? – In der hinteren Stoßstange ist ein Kratzer.

Wie hoch ist der Schaden? – Etwa 300 Euro.

Erzählen, was passiert ist

Ich war gerade .../Ich wollte gerade ...
Als ich .../Nachdem ich .../Und dann ...
Plötzlich ...

Grammatik

Zweiteilige Konjunktionen: *Je ... desto/umso*

Ich liebe Sportwagen: **je** schneller, **desto** besser.

Je schneller du fährst, umso größer **ist** das Unfallrisiko.

	haben + Partizip II		sein + Partizip II	
ich	hatte	getrunken geparkt	war	passiert gefahren
du	hattest		warst	
er/sie/es	hatte		war	
wir	hatten		waren	
ihr	hattet		wart	
sie/Sie	hatten		waren	

Der Fahrer hatte Alkohol getrunken.
Deshalb **passierte** der Unfall.

Der Unfall war schon passiert,
als ich **ankam**.

	Singular			Plural
	maskulin	**feminin**	**neutral**	
Nominativ	**ein** gestohlener Computer	**eine** gestohlene Tasche	**ein** gestohlenes Auto	gestohlene Autos
Akkusativ	**einen** gestohlenen Computer	**eine** gestohlene Tasche	**ein** gestohlenes Auto	gestohlene Autos
Dativ	**einem** gestohlenen Computer	**einer** gestohlenen Tasche	**einem** gestohlenen Auto	gestohlenen Autos

Fit für die Prüfung

In dieser Lektion lernen Sie die Prüfung *Zertifikat Deutsch / telc Deutsch B1* kennen. Sie trainieren alle Prüfungsteile und erhalten wichtige Tipps.

- Leseverstehen: 3 Aufgaben
- Sprachbausteine: 2 Aufgaben
- Hörverstehen: 3 Aufgaben
- Schriftlicher Ausdruck: 1 Aufgabe
- Mündlicher Ausdruck: 3 Aufgaben

Hier lernen Sie die Prüfung Zertifikat Deutsch/telc Deutsch B1 kennen. Sie bekommen Tipps und Informationen zu allen fünf Prüfungsteilen:

1 Leseverstehen (Lesen)
2 Sprachbausteine (Grammatik und Wortschatz)
3 Hörverstehen (Hören)
4 Schriftlicher Ausdruck (Schreiben)
5 Mündlicher Ausdruck (Sprechen)

Lesen Sie die Informationen und lösen Sie die Beispielaufgaben.

1 Leseverstehen

Die schriftliche Prüfung beginnt immer mit Leseverstehen. Es gibt drei Aufgaben dazu

Leseverstehen, Teil 1

Im ersten Teil lesen Sie mehrere kürzere Texte und sollen für jeden Text die passende Überschrift finden.

a ***Berufliche Orientierung für Jugendliche***
b Immer noch zu wenig Kitas
c *Nicht genug Personal*
d ***Viele Jugendliche finden keinen Ausbildungsplatz***

TIPP

Bei dieser Aufgabe müssen Sie die Texte als Ganzes verstehen. Es geht nicht um einzelne Details.

1 ☐ Obwohl im letzten Jahr zwei neue Kitas in unserer Stadt eröffnet wurden, haben viele Kinder immer noch keinen Betreuungsplatz. Das Problem: Es fehlen Erzieherinnen und Erzieher. Die Stadtverwaltung hat zwar erste Schritte unternommen, um die Ausbildung von Erzieherinnen und Erziehern zu fördern, aber eine schnelle Lösung des Problems ist leider nicht in Sicht.

2 ☐ Von Donnerstag bis Samstag können Schülerinnen und Schüler bei der Ausbildungsmesse verschiedene Unternehmen kennenlernen und einen Einblick in die Berufswelt bekommen. An den aufgebauten Ständen können sich die Jugendlichen über spannende Berufe und Ausbildungsmöglichkeiten informieren und haben am Ende vielleicht schon eine Idee, was sie später beruflich machen möchten.

In der Prüfung lesen Sie fünf Texte und es gibt zehn Überschriften zur Auswahl.

Leseverstehen, Teil 2

Im zweiten Teil lesen Sie einen Text. Dazu gibt es mehrere Aufgaben. Sie sollen für jede Aufgabe die richtige Antwort auswählen: a, b, oder c.

DIE NACHT DER MUSEEN – EIN GROSSER ERFOLG!

Am letzten Samstag war es wieder so weit: Die Museen der Stadt öffneten ihre Türen und fast 8.000 Menschen nutzen die Gelegenheit für einen kostenlosen Besuch der Ausstellungen.

Besonders beliebt war in diesem Jahr das neue Technikmuseum, das erst vor wenigen Monaten eröffnet wurde. Hier gab es für Jung und Alt viel Interessantes zu entdecken – von historischen Fahrzeugen und Maschinen bis hin zu modernen Robotern. Die kleinen Besucher freuten sich ganz besonders über ein altes Flugzeug, in das sie hineinklettern konnten. Das Technikmuseum bietet auf seiner Internetseite übrigens auch einen virtuellen Rundgang durch die gesamte Ausstellung an. So können alle, die es am Samstag nicht geschafft haben, das Museum trotzdem kostenlos kennenlernen.

3 Das Technikmuseum

a ☐ gibt es schon seit vielen Jahren.
b ☐ kann man auch online besuchen.
c ☐ war für Kinder nicht interessant.

TIPP

Lesen Sie den Text genau. Um die Aufgabe zu lösen, müssen Sie auf Details achten.

In der Prüfung ist der Text länger und es gibt fünf Aufgaben dazu.

Leseverstehen, Teil 3

Im dritten Teil lesen Sie mehrere Anzeigen und Situationen. Sie sollen den Situationen die passende Anzeige zuordnen. Aber: Es gibt nicht für jede Situation eine Anzeige! Markieren Sie dann „x“.

TIPP

Hier müssen Sie nach bestimmten Informationen in den Texten suchen.

4 Eine Bekannte von Ihnen sucht eine 2-Zimmer-Wohnung für sich und ihre beiden Katzen. ○ a ○ b ○ c ○ x

5 Sie suchen eine ruhige Wohnung im Stadtzentrum. Die Wohnung soll nicht mehr als 350 Euro (Kaltmiete) kosten ○ a ○ b ○ c ○ x

a

2 ZKB
renoviert, 320 € kalt, kinderfreundliches Haus mit Mini-Spielplatz im Garten
Bushaltestelle direkt vor der Tür, großer Supermarkt 50 m entfernt abends oft laute (aber gute!) Musik aus der Bar gegenüber, keine Haustiere.
Markus Frede: 6003547.

b

Günstiges 2-Zimmer-Apartment
gepflegter Altbau, 2. OG, Bad mit großem Fenster und Badewanne, Balkon, ruhige Lage am Stadtrand, Haustiere erlaubt, Kaltmiete 350 Euro.
Jetzt anrufen und Besichtigungstermin vereinbaren: Annette Heidrich
Tel.: 2355296

c

Mitten in der Innenstadt
Erdgeschosswohnung in einem schönen Mehrfamilienhaus:
3 ZKB, kleine Terrasse, 380 € kalt, Garage kann zusätzlich gemietet werden
Katzen und kleine Hunde erlaubt, Schulen und Einkaufsmöglichkeiten in der Nähe.
Kontakt: Cem Aksoy, Tel.: 94403029

In der Prüfung gibt es zehn Situationen und zwölf Anzeigen.

2 Sprachbausteine

Der zweite Prüfungsteil ist Sprachbausteine. Hierzu gibt es zwei Aufgaben. Sie haben für die Teile Leseverstehen und Sprachbausteine insgesamt 90 Minuten Zeit.

TIPP

Achten Sie darauf, was **vor** einer Lücke steht und was **nach** einer Lücke steht. Beides kann für die Lösung wichtig sein.

Sprachbausteine, Teil 1

Im ersten Teil sollen Sie eine E-Mail oder einen Brief ergänzen. Sie sollen für jede Lücke das passende Wort auswählen. Es gibt immer drei Möglichkeiten: a, b, oder c.

Lieber Mats,

ich habe am Samstag Geburtstag und möchte gern ......6...... ein paar Freunden feiern. Es wäre super, wenn du dabei sein könntest! Die Feier findet bei mir zu Hause statt, ab 17 Uhr. Es wird ein entspanntes Treffen mit gutem Essen, Musik und vielleicht einigen Spielen. Wenn du möchtest, kannst du auch gern noch etwas Leckeres ......7...... . Vielleicht deinen „berühmten" Apfelkuchen, ...8...... alle so toll finden? Bitte ......9...... mir spätestens bis Donnerstag Bescheid, ob du kommen kannst, damit ich besser planen ......10...... .

Vielen Dank und liebe Grüße

Viktoria

6		7		8		9		10	
a	☐ bei	a	☐ mitbringen	a	☐ das	a	☐ sag	a	☐ kann
b	☐ mit	b	☐ mitbringst	b	☐ den	b	☐ sagst	b	☐ muss
c	☐ zu	c	☐ mitgebracht	c	☐ der	c	☐ sagt	c	☐ soll

In der Prüfung hat der Text zehn Lücken.

Sprachbausteine, Teil 2

In der zweiten Aufgabe lesen Sie noch eine E-Mail oder einen Brief mit Lücken. Sie sollen auch hier für jede Lücke das passende Wort auswählen. Diesmal stehen die Wörter unter dem Text.

Liebe Frau Wegener,

ich habe am schwarzen Brett im Supermarkt gelesen, dass Sie ......11...... suchen, der Ihrem Sohn Nachhilfe in Mathe gibt. Ich bin 22 Jahre alt, studiere Mathematik und Physik und möchte später ......12...... Lehrer an einem Gymnasium arbeiten. Ich habe ......13...... öfter Nachhilfe-unterricht gegeben und denke, ...14...... ich Ihren Sohn gut beim Lernen unterstützen kann. Wenn Sie Interesse haben, ...15...... melden Sie sich doch einfach bei mir. Ich würde mich freuen.

Viele Grüße

Arjun Gupta

a ALS | **b** DANN | **c** DASS | **d** EIN | **e** ETWAS | **f** JEMANDEN | **g** NOCH | **h** SCHON

In der Prüfung hat der Text zehn Lücken und es gibt 15 Wörter zur Auswahl.

3 Hörverstehen

Der dritte Prüfungsteil ist Hörverstehen. Er dauert etwa 30 Minuten. Es gibt drei Teile.

Hörverstehen, Teil 1

23

Sie hören nun zwei kurze Texte. Dazu sollen Sie zwei Aufgaben lösen. Sie hören diese Texte nur einmal. Entscheiden Sie beim Hören, ob die Aussagen 16–17 richtig (+) oder falsch (–) sind. Lesen Sie jetzt die Aufgaben 16–17. Sie haben dazu 30 Sekunden Zeit.

		+	–
16	Die Sprecherin sagt, dass viele ältere Menschen Probleme beim Online-Shopping haben.	○	○
17	Der Sprecher möchte die Geschäfte in seiner Stadt unterstützen.	○	○

In der Prüfung hören Sie fünf Texte und es gibt zu jedem Text eine Aussage.

TIPP

Bei dieser Aufgabe müssen Sie die Texte als Ganzes verstehen. Es geht nicht um einzelne Details.

Hörverstehen, Teil 2

24

Sie hören nun ein Gespräch. Dazu sollen Sie drei Aufgaben lösen. Sie hören das Gespräch zweimal. Entscheiden Sie beim Hören, ob die Aussagen 18–20 richtig (+) oder falsch (–) sind. Lesen Sie jetzt die Aufgaben 18–20. Sie haben dazu eine Minute Zeit.

		+	–
18	Martin hat im Moment Nachbarn, die laut und unordentlich sind.	○	○
19	Jedes Jahr findet ein Fest für alle, die im Haus wohnen, statt.	○	○
20	Martin und seine Frau betreuen zurzeit das Haustier Ihrer Nachbarin.	○	○

In der Prüfung ist das Gespräch länger und es gibt zehn Aussagen dazu.

TIPP

Hier müssen Sie auf Details achten.

Hörverstehen, Teil 3

25

Im dritten Teil hören Sie mehrere Durchsagen (z. B. im Zug oder am Flughafen) oder kurze Radiomeldungen (z.B. Verkehrs- oder Veranstaltungshinweise). Sie hören nun zwei kurze Texte. Dazu sollen Sie zwei Aufgaben lösen. Sie hören jeden Text zweimal. Entscheiden Sie beim Hören, ob die Aussagen 21–22 richtig (+) oder falsch (–) sind.

		+	–
21	Wenn Sie nach Heidelberg weiterfahren möchten, müssen Sie zum Gleis 11 gehen.	○	○
22	Am Donnerstagnachmittag regnet es.	○	○

In der Prüfung hören Sie fünf Texte und es gibt zu jedem Text eine Aussage.

TIPP

Hier müssen Sie bestimmte Informationen in den Texten heraushören.

4 Schriftlicher Ausdruck

Der vierte Prüfungsteil ist Schreiben. Sie haben dafür 30 Minuten Zeit. Danach ist die schriftliche Prüfung zu Ende. Es gibt nur eine Aufgabe in diesem Prüfungsteil: Sie lesen eine kurze E-Mail oder einen Brief und sollen darauf antworten. Vier Stichpunkte sind vorgegeben. Sie sollen zu allen vier Punkten etwas schreiben.

Hallo ……………

tut mir leid, dass ich mich im Moment nicht so oft melde. Ich lerne jeden Tag für meine Deutschprüfung. Das Schreiben klappt schon ganz gut, aber das Sprechen macht mir immer noch Probleme. Ich habe im Alltag leider nicht so viele Möglichkeiten zu üben. Außerdem vergesse ich immer wieder wichtige Wörter - das ärgert mich! Ist das bei dir genauso? Du hast doch auch schon mal eine Deutschprüfung gemacht, oder? Hast du vielleicht ein paar Tipps für mich, zum Beispiel, wie man sich Wörter besser merken kann? Ich freue mich, wenn du mir schreibst.

Viele Grüße
Keiko

- Ihre Erfahrung mit Deutschprüfungen
- Was Sie beim Deutschlernen besonders schwierig finden
- Wie man sich Wörter gut merken kann
- Tipps zur Vorbereitung auf die Prüfung

Liebe Keiko,
ich verstehe, dass du im Moment wenig Zeit hast. Ich habe auch schon mal eine Deutschprüfung …

Viele Grüße
Natalia

TIPP

Lesen Sie den Text ganz genau. Es ist wichtig, dass Sie die Situation verstehen, denn nur dann können Sie auch eine passende Antwort schreiben.

Beginnen Sie Ihren Brief mit der Anrede. Bei informelleren Texten passt *Liebe/r …* und bei formelleren Texten *Sehr geehrter Herr … / Sehr geehrte Frau …*

Lesen Sie die vier Stichpunkte genau und überlegen Sie, was Sie zu jedem Punkt schreiben können. Entscheiden Sie auch, in welcher Reihenfolge Sie die Punkte bearbeiten möchten.

Beenden Sie Ihren Brief mit einem netten Gruß. Bei informelleren Texten passt *Viele Grüße* und bei formelleren Texten *Mit freundlichen Grüßen.*

5 Mündlicher Ausdruck

Zum Schluss machen Sie die mündliche Prüfung. Sie dauert etwa 15 Minuten. Normalerweise machen Sie die mündliche Prüfung zu zweit - zusammen mit einer anderen Teilnehmerin oder einem anderen Teilnehmer. Außerdem sind zwei Prüferinnen oder Prüfer dabei. Sie leiten Sie durch die Prüfung und stellen Ihnen einige Fragen. Es gibt drei Teile.

TIPP

Schauen Sie sich eine Beispielprüfung im Internet an. Dort sehen Sie, wie die Prüfung abläuft.

Vorbereitung

Sie haben vor der mündlichen Prüfung 20 Minuten Zeit, um sich auf die Aufgaben vorzubereiten. Sie bekommen alle Aufgabenblätter und können sich Notizen machen. Sie dürfen während der Vorbereitung aber nicht mit anderen sprechen.

Teil 1: Einander kennenlernen

Im ersten Teil geht es darum, dass sich die beiden Teilnehmer/innen etwas besser kennenlernen. Auf dem Aufgabenblatt sehen Sie mehrere Stichpunkte. Sie sollen mit Ihrer Partnerin oder Ihrem Partner darüber sprechen. Anschließend stellt die Prüferin oder der Prüfer noch einige Fragen zu dem, was Sie gesagt haben.

TIPP

Nutzen Sie die Vorbereitungszeit, um Ideen zu sammeln. Überlegen Sie sich, was Sie sagen möchten und wie Sie das sagen können. Machen Sie nur Stichpunkte, schreiben Sie keine ganzen Sätze. Sie sollen in der Prüfung frei sprechen.

Name

Woher sie oder er kommt

Wie sie oder er wohnt (Wohnung, Haus, Garten ...)

Wo sie oder er Deutsch gelernt hat

Was sie oder er macht (Schule, Studium, Beruf ...)

Sprachen (welche? wie lange? warum?)

TIPP

Diese Aufgabe ist in allen Prüfungen gleich. Sie können sich deshalb schon vor der Prüfung sehr gut darauf vorbereiten. Spielen Sie die Aufgabe im Kurs mehrmals durch, am besten mit unterschiedlichen Personen.

Teil 2: Über ein Thema sprechen

Für den zweiten Teil haben Sie ein Aufgabenblatt mit einem oder mehreren Fotos zu einem Thema und einen kurzen Text. In dem Text sagt eine Person ihre Meinung zu dem Thema. Ihre Partnerin/Ihr Partner hat ein Aufgabenblatt zum gleichen Thema, aber der Text und die Bilder sind anders.

Sie sollen sich mit Ihrer Partnerin/Ihrem Partner über das Thema unterhalten. Sagen Sie Ihre Meinung und erzählen Sie von eigenen Erfahrungen.

TIPP

Wie kann man die eigene Meinung sagen und begründen?
Sammeln Sie Formulierungen und üben Sie sie, z. B.:
Ich denke … / Ich finde … /
Für mich ist … (nicht so) wichtig. /
Ich bin der Meinung, dass …
Deshalb … / … weil … / Daher … /
Aus diesem Grund …

Teilnehmer/in A

Michal Varga, 28 Jahre, Elektroniker

Beispielthema:
Gesunde Ernährung

„Ich achte auf gesunde Ernährung und koche jeden Tag frisch. Meistens gibt es etwas mit viel Gemüse. Am liebsten kaufe ich Lebensmittel in Bio-Qualität. Das ist nur leider nicht immer möglich, weil Bio-Produkte oft teuer sind.“

Teilnehmer/in B

Anita Herrmann, 30 Jahre, Dolmetscherin

Beispielthema:
Gesunde Ernährung

„Ich habe keine Zeit zum Kochen und kaufe oft fertige Gerichte im Supermarkt. Es ist mir egal, ob Bio oder nicht. Ich denke, die Lebensmittel sind alle gut. Süßigkeiten esse ich auch sehr gern, am liebsten Schokolade. Die macht ja auch glücklich, habe ich irgendwo gelesen.“

Teil 3: Gemeinsam etwas planen

In der dritten Aufgabe sollen Sie zu zweit etwas planen. Auf dem Aufgabenblatt wird kurz die Situation beschrieben. Außerdem finden Sie dort mehrere Stichpunkte. Sie sollen Vorschläge machen und auf die Vorschläge Ihrer Partnerin/Ihres Partners antworten.

TIPP

Was kann man sagen, um Vorschläge zu machen? Wie kann man auf Vorschläge reagieren? Sammeln Sie Formulierungen und üben Sie sie, z. B.:

Wir könnten doch ... / Was hältst du davon, wenn ... / Ich schlage vor, dass ...

Das ist eine gute Idee. / Das finde ich nicht so gut. / Vielleicht wäre es besser, wenn ...

Fünf Personen aus Ihrem Deutschkurs möchten am Samstagnachmittag zusammen Sport machen. Sie und Ihre Partnerin/Ihr Partner sollen den Nachmittag planen. Sie haben schon einen Zettel mit Notizen gemacht:

- Welcher Sport?
- Wo?
- Was mitbringen?
- Getränke
- Wer bezahlt wofür?
- Wie hinkommen?
- ...

TIPP

Wichtig für alle drei Teile der mündlichen Prüfung:

Wenn Sie etwas nicht verstehen, fragen Sie. Überlegen Sie sich vor der Prüfung, welche Formulierungen Sie verwenden können, z. B.: *Entschuldigung, das habe ich nicht verstanden. / Können Sie das bitte wiederholen? / Könnten Sie das bitte noch einmal sagen?*

Hören Sie Ihrer Partnerin oder Ihrem Partner gut zu. Lassen Sie sie/ihn zu Ende sprechen.

Antworten Sie nicht nur mit einem Wort (z. B. *Ja* oder *Nein*). Zeigen Sie, was Sie können!

Sprechen Sie nicht zu schnell. Die anderen Personen verstehen Sie am besten, wenn Sie ganz natürlich sprechen.

Wenn Ihre Partnerin oder Ihr Partner Probleme mit einer Formulierung hat oder das passende Wort nicht findet, dürfen Sie helfen: *Meinst du/Meinen Sie vielleicht ...?*

Wie geht es weiter?

Sie haben die Prüfung in diesem Kapitel schon ein bisschen kennengelernt. Im nächsten Schritt sollten Sie die Übungstests durcharbeiten. Einen Übungstest können Sie kostenlos von der telc Webseite herunterladen.

Arbeitsbuch

Im Arbeitsbuch finden Sie:

- ein separates Aussprachetraining, mit dem Sie von Beginn an Ihre Aussprache verbessern können
- vertiefende Übungen zu allen sechs Lektionen im Kursbuch, die Sie im Unterricht oder zu Hause machen können
- den Lernwortschatz jeder Lektion zusammengefasst, mit viel Platz zum Bearbeiten

Inhalt

1 Der Satzakzent

a Hören Sie die Beispiele. Was passiert mit dem Hauptakzent zwischen dem ersten und dem letzten Satz? **26**

Nicht.

Ich nicht.

Ich will nicht.

Ich will nicht mit.

Ich will nicht mit ins Theater.

Ich will nicht mit ihm ins Theater.

Ich will heute nicht mit ihm ins Theater.

b Hören Sie die Beispiele aus Aufgabe 1a noch einmal und unterstreichen Sie die Wörter, die besonders stark betont werden. **26**

c Ergänzen Sie mit den Wörtern die Regel und kreuzen Sie an.

Akzentwörter | Inhalt | Satz | Wörter

In jedem ....1........ gibt es ....2........, die für den ....3........ sehr wichtig sind. Das sind die ....4........ .

Wie spricht man diese Wörter?

- ☐ deutlicher
- ☐ leiser
- ☐ langsamer
- ☐ lauter
- ☐ schneller
- ☐ undeutlicher

d Schreiben Sie eigene Sätze so wie in Aufgabe 1a. Ihre Partnerin/Ihr Partner soll diese Sätze dann mit korrektem Akzent lesen.

....

....

....

27 **e** Hören Sie die Sätze. Vergleichen Sie die Akzentmuster und sprechen Sie nach.

Satzakzentmuster	Sätze
1 ●••	Schläfst du schon? / Hörst du mich? / ....
2 •●••	Entschuldigung! / Wie spät ist es? / ....
3 ••●•	Es ist 11 Uhr. / Das ist gut so. / ....
4 •••●	Es ist halb fünf. / Das kann nicht sein! / ....
5 ••●••	Ich versteh' das nicht! / Bitte hör auf mich! / ....
6 •••●•	Werd jetzt nicht müde! / ...., wo jeder mit muss.
7 ••••●	Das ist doch nicht schwer! / ....

f Was passt? Ergänzen Sie die Sätze bei den richtigen Akzentmustern in Aufgabe e.

Das weiß ich nicht. | Hast du Zeit für mich? | Wo kommst du her? | Sprich mit mir! | Ich bin pünktlich. | Gleich ist es vorbei! | Das ist der Rhythmus.

g Basteln Sie mit zwei anderen Teilnehmerinnen/Teilnehmern ein Kartenspiel. Schreiben Sie jeweils einen Satz aus Aufgabe 1f auf eine Karte. Danach malen Sie das Akzentmuster des Satzes auf eine andere Karte. Die Kärtchen mit den Rhythmusmustern liegen mit der Vorderseite nach unten auf einem Stapel.
Die Satz-Kärtchen werden gemischt und unter Ihnen gleich verteilt. Eine Teilnehmerin/Ein Teilnehmer deckt ein Kärtchen mit einem Rhythmusmuster auf. Alle suchen in ihren Satz-Kärtchen, ob sie einen Satz haben, der zu dem Rhythmusmuster passt. Wer am schnellsten einen passenden Satz findet, bekommt einen Punkt.

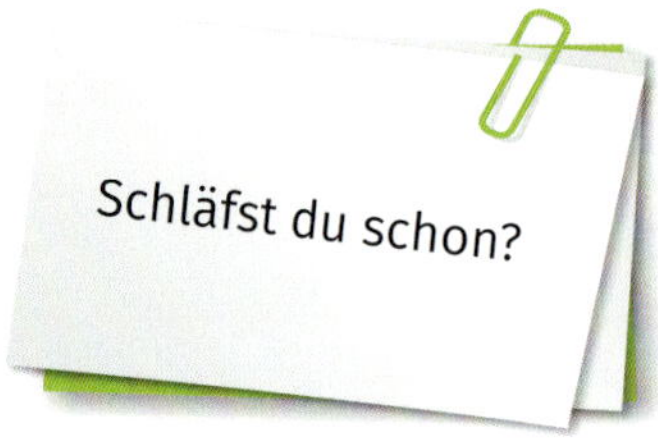

28 **h** Wann steht Hakim auf? Welche Frage passt zu welcher Antwort?
Hören Sie und achten Sie auf die Betonung.

1 **Wer** steht am Wochenende um 10 Uhr auf?
2 **Um wie viel Uhr** steht Hakim am Wochenende auf?
3 **Was macht** Hakim am Wochenende um 10 Uhr?
4 **Wann** steht Hakim um 10 Uhr auf?

a Hakim steht am Wochenende um **10 Uhr** auf.
b **Hakim** steht am Wochenende um 10 Uhr auf.
c Hakim steht **am Wochenende** um 10 Uhr auf.
d Hakim **steht** am Wochenende um 10 Uhr **auf**.

i Bilden Sie Fragen wie in Aufgabe 1h zu folgenden Sätzen und antworten Sie mit der richtigen Betonung.

1 Hatice isst donnerstags immer Spaghetti mit Tomatensoße.
2 Der Deutschkurs beginnt am Dienstag um 8.45 Uhr.

j Hören Sie die Sätze. Markieren Sie in jedem Satz die zwei Hauptakzentsilben. Welche Funktion haben die Akzente? 29

1 Hatice isst nicht donnerstags Spaghetti, sondern mittwochs.
2 Der Deutschkurs beginnt nicht am Dienstag, sondern am Mittwoch.
3 Ich nehme keinen Kamillentee, sondern Pfefferminztee.
4 Diesmal nehme ich aber Weißwein.
5 Geben Sie mir bitte ein Brot, aber ein Weißbrot!
6 Ich lerne nicht Englisch, ich lerne Deutsch!
7 Ich möchte eine Pizza, aber eine vegetarische, bitte!

TIPP

Jede Wortgruppe hat einen Akzent. Betont wird immer die wichtigste Information.
Mit Akzenten kann man auch Kontraste zwischen zwei Informationen markieren.
Diese Akzente nennt man dann Kontrastakzente.

2 Die Satzmelodie

TIPP

Die Melodie beim Sprechen nennt man Sprechmelodie.
Wir verwenden verschiedene Melodieformen.
Am Ende einer Äußerung kann die Melodie steigen, fallen oder gleich bleiben.

a Hören Sie den Dialog und achten Sie auf die Satzmelodie. 30

▶ Hörst du mich? ↗ → ↘

▷ Entschuldigung? ↗ → ↘

▶ Wie spät ist es? ↗ → ↘

▷ Es ist 11 Uhr. ↗ → ↘

▶ Das kann nicht sein! ↗ → ↘

▷ Doch. ↗ → ↘ Wollen wir zusammen essen gehen? ↗ → ↘

▶ Nein ↗ → ↘, ich kann nicht. ↗ → ↘

▷ Warum denn nicht? ↗ → ↘

▶ Ich muss noch Vokabeln lernen ↗ → ↘, einen Text schreiben ↗ → ↘ und lesen. ↗ → ↘

▷ Schade. ↗ → ↘

30 **b** Hören Sie den Dialog noch einmal und entscheiden Sie: Wann steigt oder fällt die Melodie, wann bleibt sie gleich? Markieren Sie den richtigen Pfeil.

c Lesen Sie noch einmal den Dialog aus Aufgabe 2a und kreuzen Sie an.

	Die Melodie	steigt ↗	bleibt gleich →	fällt ↘
a	**in Aussagesätzen** Es ist 11 Uhr.	☐	☐	☐
b	**in Ausrufesätzen** Das kann nicht sein!	☐	☐	☐
c	**in Ja-Nein-Fragen** Wollen wir zusammen essen gehen?	☐	☐	☐
d	**in W-Fragen** Warum denn nicht?	☐	☐	☐
e	**in Aufzählungen oder bei Pausen (Komma)** Ich muss noch Vokabeln lernen, einen Text schreiben und lesen.	☐	☐	☐

d Lesen Sie jetzt den Dialog mit Ihrer Partnerin/Ihrem Partner. Achten Sie auf die markierten Elemente, sie tragen den Satzakzent. Achten Sie auch auf die richtige Melodie.

▶ **Hörst** du mich? ↗

▷ Nat**ür**lich. ↘

▶ Wie **spät** ist es? ↗

▷ Es ist **11** Uhr. ↘

▶ Das kann nicht **sein**! ↘

▷ Doch. ↘ Wollen wir zusammen essen gehen? ↘

▶ Nein →, ich **kann** nicht. ↘

▷ **Warum** denn nicht? ↘

▶ Ich muss noch **Vokabeln lernen** →, einen **Text schreiben** → und **lesen**. ↘

▷ **Scha**de. ↘

1 Heimat 1

Welche Wörter passen? Ergänzen Sie.

aufgewachsen | fühle | schmeckt | Frieden | ~~Zukunft~~ | liebe | leben | verlassen | vermisse | fehlt

Heimat ist, wo ich mich zu Hause ....

Heimat ist, wo ich geboren und .... bin.

Heimat ist, wo die Menschen sind, die ich ....

Heimat ist, wo es eine gute *Zukunft* für mich gibt.

Heimat ist, wo meine Freunde ....

Heimat ist, wo ich in .... leben kann.

Ich habe zwei Heimatländer. Wenn ich in Deutschland bin, ... ich Spanien, wenn ich in Spanien bin, ... mir Deutschland.

Heimat ist dort, wo es mir ....

Ich habe erst gemerkt, was Heimat ist, als ich mein Land .... habe.

2 *Wenn* oder *als* 1

Lesen Sie die Dialoge und ergänzen Sie *wenn* oder *als*.

1 ▶ Wie hast du dich gefühlt, ... du nach Deutschland gekommen bist?

▷ .... ich heute an diese Zeit denke, muss ich sagen, dass ich damals oft traurig war. .... ich hier ankam, konnte meine Familie nämlich noch nicht mitkommen.

2 .... ich an meine Heimat denke, erinnere ich mich vor allem an die schöne Natur in meinem Land. Aber .... ich dort bin, denke ich auch an Berlin. .... ich das letzte Mal in meinem Land war, habe ich gemerkt, dass Berlin meine zweite Heimat geworden ist.

3 .... Sie mich fragen, was für mich Heimat bedeutet, ist die Antwort nicht einfach. .... man in Frieden leben kann, ist das schon ein Stück Heimat für mich. .... ich in Syrien war, war dort Krieg. .... ich daran denke, bin ich glücklich hier zu sein.

3 Ludmillas Leben 1

a Ordnen Sie die Wörter und schreiben Sie die Sätze.

1 als | Ludmilla | war | jung | sie | hatte | viele Träume und Hoffnungen

Als …

2 als | 26 Jahre | war | sie | nach Deutschland | sie | kam

3 als | ankam | sie | in Deutschland | sprach | noch kein Wort Deutsch | sie

4 als | gut Deutsch | sie | konnte | eine | gute Arbeit | sie | fand

5 als | ihren heutigen Mann | sie | kennenlernte | sie | sehr | war | glücklich

6 als | heirateten | sie | es | eine große Feier | gab

7 wenn | nächstes Jahr | sie | bekommen | ihr erstes Kind | eine größere Wohnung | brauchen | sie

b Schreiben Sie die Sätze anders. Drehen Sie sie um.

1 *Ludmilla hatte viele Träume und Hoffnungen, als sie jung war.*
2
3
4
5
6
7

c Und Sie? Schreiben Sie Sätze über sich mit *wenn* und *als*.

4 Freude und Enttäuschung 2

Was passt? Ordnen Sie zu.

1 Ich bin froh,
2 Ich bin enttäuscht,
3 Freuen Sie sich auch
4 Findest du es auch schade,

a dass der Kurs bald vorbei ist?
b weil ich die Wohnung doch nicht bekommen habe.
c wenn ich endlich meine Aufenthaltserlaubnis habe.
d über die schönen Geschenke?

5 Ämter und Behörden 3–4

a Wie heißen die Ämter und Behörden? Notieren Sie.

~~standesamt~~ausländerbehördeagenturfürarbeitfinanzamteinwohnermeldeamtkfz-zulassungsstellejobcenterfamilienkasse

1 *Standesamt* ....
2 ....
3 ....
4 ....
5 ....
6 ....
7 ....
8 ....

b Wann geht man zu den Ämtern oder Behörden? Schreiben Sie.

Wenn man heiraten möchte, muss man zum Standesamt gehen.

....

....

....

6 Auf dem Amt 3–4

a Sie hören zwei Ansagen. Welche Lösung (a, b oder c) passt am besten? Kreuzen Sie an. 31

1 Was soll Frau Kalikaki tun?
a ☐ Das Antragsformular ausfüllen.
b ☐ Einen Ausweis beantragen.
c ☐ Zur Familienkasse gehen.

2 Was soll Herr Khalid tun?
a ☐ Am 18. Juli vorbeikommen.
b ☐ Auf einen Anruf warten.
c ☐ Beim Jobcenter anrufen.

b Sie hören zwei Dialoge. Welche Reaktion ist richtig? Kreuzen Sie an. 32

1 a ☐ Ja, Sie sind dran.
b ☐ Nein, es gibt keine Nummern mehr.
c ☐ Nein, Sie sind gleich an der Reihe.

2 a ☐ Ja, gerne.
b ☐ Nein, ich weiß es auch nicht.
c ☐ Nein, ich habe kein Problem.

7 Toms Behördenbesuche 3-4

33 **a** Lesen Sie den Dialog und ergänzen Sie die Verben im Perfekt. Hören Sie dann zur Kontrolle.

▶ Tom, erzähl doch mal, warst du schon bei vielen Ämtern und Behörden hier in Deutschland?

▷ Ja, da kann ich einiges erzählen .... Bei der Ausländerbehörde habe ich meine Aufenthaltserlaubnis ………… (1 beantragen) und auch ………… (2 bekommen). Beim Einwohnermeldeamt habe ich mich ………… (3 anmelden), beim Standesamt habe ich die Geburt unseres Sohnes ………… (4 melden). Dann habe ich bei der Familienkasse Kindergeld ………… (5 beantragen) und bei der Arbeitsagentur Arbeit ………… (6 suchen) und ………… (7 finden) ...

▶ War das alles?

▷ Nein, bei der Kfz-Zulassungsstelle habe ich noch mein altes Auto ………… (8 abmelden) und mein neues Auto ………… (9 anmelden). Beim Finanzamt habe ich meine Steuern ………… (10 zahlen).

34 **b** Und wie ist es Tom bei seinen Behördenbesuchen ergangen? Lesen Sie den Dialog weiter und ergänzen Sie. Welche Wörter passen? Hören Sie dann zur Kontrolle.

▶ Und wie ist es dir bei deinen Besuchen auf den Behörden ergangen?

▷ Nun, man muss immer lange ………… (1 warten/dauern), schon früh beim Amt sein und meistens eine Nummer ………… (2 drücken/ziehen). Oder man ………… (3 vereinbart/sagt) einen Termin. Es kann aber lange ………… (4 warten/dauern), bis man einen Termin bekommt. Man muss viel ………… (5 Geduld/Stress) haben.

▶ Und die Sachbearbeiter? Welche ………… (6 Erinnerungen/Erfahrungen) hast du gemacht?

▷ Eigentlich sehr gute. Sie sind meistens freundlich und hilfsbereit. Man darf keine ………… (7 Geduld/Angst) haben, Fragen zu stellen. Mein Problem ist aber, Briefe von Behörden zu verstehen.

▶ Du meinst das Amtsdeutsch? Aber damit haben Deutsche auch ihre ………… (8 Möglichkeiten/Probleme).

c Und Sie? Wann und warum waren Sie im letzten Jahr bei Ämtern und Behörden? Wie war es? Schreiben Sie.

…………

8 Direkte und indirekte Fragen 5

a Welches Fragewort passt? Ergänzen Sie.

Wohin?	Was?	Wie?
Warum?	Welche?	Wann?
Wo?	Wer?	Wo?

1 .... hat das Bürgeramt geöffnet?
2 .... kann ich einen Antrag auf Wohngeld stellen?
3 .... muss ich alles mitbringen?
4 .... Unterlagen brauche ich?
5 .... heißt mein Sachbearbeiter?
6 .... ist der zuständige Sachbearbeiter?
7 .... muss ich unterschreiben?
8 .... soll ich meinen Antrag schicken?
9 .... habe ich noch keine Antwort erhalten?

b Formen Sie die direkten Fragen aus Aufgabe 8a in indirekte Fragen um.

1 Wissen Sie, *wann das Bürgeramt geöffnet hat?*
2 Können Sie mir sagen, ...?
3 Ich würde gern wissen, ...
4 Können Sie mir sagen, ...?
5 Wissen Sie, ...?
6 Können Sie mir sagen, ...?
7 Ich würde gern wissen, ...
8 Können Sie mir sagen, ...?
9 Können Sie mir sagen, ...?

9 Fragen ohne Fragewort 5

Schreiben Sie indirekte Fragen mit *ob*.

1	Kann ich den Antrag online ausfüllen? Können Sie mir sagen,	*ob ich den Antrag online ausfüllen kann?*
2	Ist das Amt samstags geöffnet? Wissen Sie,	*ob* ....?
3	Habe ich das Formular richtig ausgefüllt? Ich möchte gern wissen,	....
4	Muss ich hier unterschreiben? Können Sie mir sagen,	............?
5	Muss ich noch lange warten? Können Sie mir sagen,	............?

10 Pedros Anruf beim Jobcenter 5

35 Ergänzen Sie *ob* oder *dass*. Hören Sie dann zur Kontrolle.

Heute habe ich das Jobcenter angerufen. Ich wollte wissen, ……1…… meine Ausbildung als Ingenieur hier in Deutschland anerkannt wird. Der Sachbearbeiter hat mir gesagt, ……2…… er das am Telefon nicht beantworten kann. Ich habe ihn gefragt, ……3…… wir einen Termin ausmachen könnten, um alles zu besprechen. Wir haben dann nächsten Montag um 10 Uhr vereinbart. Ich wollte noch wissen, ……4…… ich meine Zeugnisse mitbringen soll. Er hat gesagt, ……5…… ich natürlich alle Unterlagen, die ich habe, mitbringen soll. Er hat mich dann auch noch gefragt, ……6…… ich die Internetseite www.anerkennung-in-deutschland.de kenne. Der Sachbearbeiter hat mich darauf hingewiesen, ……7…… man da Informationen zur Anerkennung vieler Berufe in Deutschland findet.

11 Schwierige Wörter 6-7

a Ergänzen Sie die Verben/Nomen.

Verb	Nomen
anerkennen	
	die Unterschrift
beglaubigen	
	die Übersetzung
beantragen	
	die Information
beraten	
	die Kopie
bescheinigen	

b Schreiben Sie Sätze mit den Verben/Nomen aus Aufgabe 11a.

Meine Ausbildung ist in Deutschland anerkannt.
Hier fehlt eine Unterschrift.

12 Wichtige Unterlagen 6-7

Anerkennung | Beglaubigung | Dokument | Führungszeugnis | Übersetzung | Unterlagen

Ergänzen Sie das Schreiben.

Sehr geehrte Frau Singh,

zur Bearbeitung Ihres Antrags auf …………………… Ihres Berufs fehlen uns noch die folgenden …………………… :

- ein aktuelles polizeiliches ……………………, nicht älter als drei Monate. Dieses …………………… können Sie auch im Internet unter www.fuehrungszeugnis.bund.de beantragen;
- die …………………… Ihres Abschlusszeugnisses ins Deutsche mit …………………… .

Mit freundlichen Grüßen

Ernst Roth

13 Das Verb *lassen* 8

a Ergänzen Sie.

ich	....	wir	....
du	....	ihr	....
er/sie/es	....	sie/Sie	*lassen*

b Ergänzen Sie die Formen von *lassen*.

1 .... du dein Fahrrad reparieren? – Nein, das mache ich selbst.

2 Ich muss meinen Pass verlängern .... Er läuft bald ab.

3 Wann .... Sie sich die Haare schneiden? – Ich weiß nicht, mir gefallen sie, wie sie sind.

c Machen Sie es selbst oder lassen Sie es machen? Schreiben Sie Sätze wie im Beispiel.

1 Ich kann das Zeugnis nicht selbst übersetzen. *Ich lasse es übersetzen.*

2 Wir können die Dusche nicht selbst reparieren. Wir ....

3 Luigi hat keine Lust, die Wohnung zu renovieren. Er ....

14 Ein Schreiben an das Übersetzungsbüro Schmidt 9

Was ist richtig? Kreuzen Sie an.

Sehr ...1... Damen und Herren,
für die Anerkennung meines ausländischen Berufsabschlusses benötige ich die Übersetzung meiner Zeugnisse mit ...2... . Wäre es möglich, ...3... die Übersetzung bis Ende nächster Woche fertig ist? Ich würde die Übersetzung dann bei ...4... persönlich abholen. Bitte teilen Sie mir mit, ob Sie die Übersetzung übernehmen ...5... und wie viel sie ungefähr kosten wird. Sollte es Fragen ...6..., stehe ich Ihnen jederzeit telefonisch unter der Nummer 0151 235666777 zur Verfügung.
Mit freundlichen Grüßen
Oana Munteanu

1	2	3	4	5	6
a ☐ geehrter	a ☐ Beglaubigung	a ☐ dass	a ☐ Sie	a ☐ können	a ☐ sein
b ☐ geehrte	b ☐ Garantie	b ☐ ob	b ☐ euch	b ☐ dürfen	b ☐ haben
c ☐ geehrten	c ☐ Bearbeitung	c ☐ wenn	c ☐ Ihnen	c ☐ sollen	c ☐ geben

15 Übersetzung der Geburtsurkunde 9

Sie müssen Ihre Geburtsurkunde übersetzen lassen.
Schreiben Sie an das Übersetzungsbüro Schmidt.

Schreiben Sie etwas zu den folgenden Punkten:
- Grund für Ihr Schreiben
- bis wann
- Übersetzung zusenden/abholen
- Kosten

Lernwortschatz

Schreiben Sie Beispielsätze.

Heimat

die Heimat — *Meine Heimat ist, wo ich aufgewachsen bin.*
das Herkunftsland/Heimatland
zu Hause sein
fremd sein
sich wohlfühlen
sich fremd fühlen
vermissen
fehlen
in Frieden leben
die Gemeinsamkeit
der Unterschied
als
wenn

Wie heißen diese Wörter in Ihrer Sprache? Übersetzen Sie.

Träume, Freude, Enttäuschung

die Enttäuschung
enttäuscht sein (von/über)
sich freuen (auf/über)
froh sein (über)
die Hoffnung
der Traum

Ämter und Behörden

einen Antrag stellen
beantragen
ablehnen
genehmigen
die Beglaubigung
beglaubigen
die beglaubigte Kopie
die berufliche Anerkennung
anerkennen
lassen
das Dokument
das Führungszeugnis
die Geburtsurkunde
das Gesundheitszeugnis
der/die Sachbearbeiter/in
der Sprachnachweis
die Übersetzung
übersetzen
die Unterlagen (Pl.)
gute/schlechte Erfahrungen machen
Geduld haben
geduldig sein
ungeduldig sein

1 Wichtige Wörter bei der Arbeitssuche

Wie heißen die Wörter? Schreiben Sie.

1 Diese Papiere braucht man, wenn man sich bewerben will: die B e w e r b u n g s u n t _ _ _ _ _ _ _
2 Zu diesen Papieren gehört das Bewerbungsschreiben und der L _ _ _ _ _ l _ _ _
3 Wenn man Arbeit sucht, sollte man die . . . in der Zeitung oder im Internet lesen. die S t e _ _ _ _ a n _ _ _ _ _ _
4 Alles, was man kann, was man gelernt hat (Pl.): die Q u a _ _ _ _ _ _ _ _ _ _ _ _
5 Dieses Papier erhält man nach Abschluss der Schule oder einer Arbeit. das Z _ _ _ _ _ _
6 In diesem Papier stehen Regelungen zur Arbeitszeit, zum Gehalt, zum Urlaub. Arbeitgeber und Arbeitnehmer müssen es unterschreiben. der A _ _ _ _ _ _ v e r _ _ _ _

2 Wünsche ausdrücken mit *würde*

a Ergänzen Sie die Tabelle.

ich	*würde*	wir	
du		ihr	
er/sie/es		sie/Sie	

b Was wünschen sich die Leute? Ergänzen Sie die richtige Form von *würde* (+ Infinitiv).

1 Ich verdiene wenig Geld. Ich *würde* gern mehr Geld *verdienen*.
2 Maria arbeitet als Krankenschwester, aber sie .... gern als Ärztin ....
3 Ich muss früh aufstehen, aber ich .... gern später ....
4 Wir machen eine kurze Pause, aber wir .... am liebsten eine viel längere Pause ....
5 .... Sie gerne heute spazieren gehen? – Nein, ich .... gerne morgen ....

3 Wünsche ausdrücken mit *hätte* und *wäre*

a Ergänzen Sie die richtigen Formen.

ich		
du		
er/sie/es		
wir		*wären*
ihr		
sie/Sie	*hätten*	

Ich ~~würde~~ gern mehr Freizeit ~~haben.~~
→ Ich **hätte** gern mehr Freizeit.

b Ergänzen Sie die richtige Form von *hätte*.

1 Ich .... gern mehr Freizeit, aber das geht leider nicht.
2 Oliver .... gern eine leichtere Arbeit, denn seine Arbeit ist sehr anstrengend.
3 Ich .... gern heute Abend mehr Zeit, aber ich muss für die Prüfung lernen.
4 Wir .... gern eine größere Wohnung, aber es ist schwierig, etwas zu finden.
5 ▶ .... Sie gern Kinder, Frau Luna?
▷ Ja, aber wir wollen noch etwas warten.
6 ▷ .... du gern ein neues Fahrrad, Oliver?
▶ Ja, ich habe mir schon eins zum Geburtstag gewünscht.

c Ergänzen Sie die richtige Form von *wäre*.

> Ich ~~würde~~ gern am Meer ~~sein~~.
> → Ich **wäre** gern am Meer.

1 Ich .... gern am Meer, aber leider muss ich arbeiten.
2 Frau Schmidt .... gern Krankenschwester, aber sie hat noch keine passende Stelle gefunden.
3 Wir .... jetzt gern zu Hause, aber wir müssen noch in der Schule bleiben.
4 ▶ .... du gern Millionär, Julian? ▷ Natürlich, aber ich finde, Geld allein macht nicht glücklich.
5 ▶ .... Sie gern in Ihrem Heimatland? ▷ Ja, ich .... sehr gern bei meinen Eltern.

4 Wünsche ausdrücken mit *könnte* [1]

> Ich hätte gerne viel Zeit.
> Dann ~~würde~~ ich ans Meer fahren ~~können~~.
> → Dann **könnte** ich ans Meer fahren.

Ergänzen Sie die richtige Form von *könnte*.

1 Ich würde gern eine Fortbildung machen. Dann .... ich bald in meinem Beruf arbeiten.
2 Pedro wäre gern Koch. Dann .... er aus seinem Hobby seinen Beruf machen.
3 Igor und Svetlana hätten gern eine große Wohnung. Dann .... ihre Eltern bei ihnen wohnen.

5 Was passt? [1]

a Ergänzen Sie *würde, wäre, hätte* in den richtigen Formen.

Ich ....1.... gern als Ärztin arbeiten. Dann ....2.... ich eine interessante Arbeit mit Kontakt zu Menschen und ....3.... gut verdienen. Ich ....4.... keine finanziellen Probleme mehr. Ich ....5.... auch gern viel arbeiten. Das ....6.... kein Problem für mich. Dann ....7.... ich auch gern einen netten Mann finden. Ich ....8.... gern verheiratet und ....9.... gern viele Kinder. Wir ....10.... dann in eine schöne Wohnung ziehen und ich ....11.... glücklich.

b Und was würden/wären/hätten Sie gern? Schreiben Sie.

....

....

6 Arbeit und Beruf 2

a Ordnen Sie die Wörter in die Tabelle ein.

Tätigkeiten

~~waschen~~ | schneiden | reparieren | erklären | Reifen wechseln | Patienten behandeln | am Computer arbeiten | Gäste bedienen | Fieber messen | Kunden bedienen | konstruieren | Gemüse putzen | planen | Gemüse schälen | Medikamente verschreiben | unterrichten | kochen | Essen bringen | Patienten pflegen | beraten | zeichnen | Patienten untersuchen | verkaufen | korrigieren | telefonieren | servieren | kassieren | Termine vereinbaren | E-Mails schreiben

Arbeitsmaterial

Pfanne | Schere | Computer | Telefon | Spritze | Pflaster | Fax | Filzstifte | Kopierer | Kreide | Kamm | Herd | Bücher | Tafel | Verbandszeug | Werkzeug | Zange | CD-Player | Topf | Kasse | Hefte | Tablett | Bauplan

Arbeitsplatz

Büro | Kaufhaus | Baustelle | Restaurant | Friseursalon | Küche | Schule | Markt | Café | Werkstatt | Praxis | Krankenhaus

Beruf	Tätigkeiten	Arbeitsmaterial	Arbeitsplatz
Koch/Köchin			
Kellner/Kellnerin			
Ingenieur/Ingenieurin			
Verkäufer/in			
Kfz-Mechatroniker/in			
Lehrer/in			
Arzt/Ärztin			
Krankenschwester/ Krankenpfleger			
Bürokaufmann/Büro-kauffrau			
Friseur/Friseurin	*waschen,*		

b Schon fertig? Kennen Sie noch andere Tätigkeiten, Arbeitsmaterialien oder Arbeitsplätze? Ergänzen Sie die Tabelle.

7 Was ist Ihr Traumberuf? 2

Wo würden Sie gern arbeiten? Was würden Sie gern machen? Schreiben Sie.

Ich würde gern als Lehrerin arbeiten.

Dann könnte ich …

Ich hätte … Ich würde …

8 Der perfekte Arbeitnehmer 3

Was erwarten Betriebe vom Arbeitnehmer? Ergänzen Sie die Wörter.

flexibel | qualifiziert | teamfähig | zuverlässig

Der Arbeitnehmer soll .... sein, er soll immer das machen, was er gesagt hat. Er soll bereit sein, auch am Wochenende zu arbeiten und Überstunden zu machen. Er soll .... sein. Es soll ihm Spaß machen, mit anderen Leuten zusammenzuarbeiten. Er soll .... sein. Und natürlich erwarten wir Fachwissen. Der Arbeitnehmer soll .... sein.

9 Welches Wort passt nicht? 3

Streichen Sie das Wort, das nicht passt, durch.

1 Gehalt | Lohn | Bezahlung | Abschluss
2 Kenntnisse | Qualifikation | Erfahrung | Erlebnis
3 Arbeitgeber | Kollege | Mitarbeiter | Arbeitnehmer
4 abwechslungsreich | interessant | spannend | langweilig
5 Festanstellung | unbefristeter Arbeitsvertrag | sicherer Arbeitsplatz | Probezeit

10 Telefonische Bewerbung 3–4

36 **a** Schreiben Sie die Fragen richtig. Hören Sie dann den Dialog zur Kontrolle.

Guten Tag, ich rufe wegen Ihrer Anzeige im *Frankfurter Morgen* an.

Stelle die ist frei noch?

1 *Ist die Stelle noch frei?* .... *Ja.*

die Arbeitszeiten wie sind Sie könnten sagen mir?

2 ....

Samstag am arbeiten ich muss auch?

3 ....

Bezahlung wie die ist können mir sagen Sie?

4 ....

Probezeit ob eine gibt es dann würde gern ich wissen noch

5 ....

Vertrag bekommen unbefristeten kann einen ich und dann?

6 ....

ich wann kann vorbeikommen?

7 ....

b Hören Sie den Dialog noch einmal und notieren Sie die Antworten auf die Fragen. 36

11 Lebenslauf 5

Ordnen Sie zu.

Schulbildung | Besondere Kenntnisse | Persönliche Daten | Berufsausbildung und Berufserfahrung | Weiterbildung

....	Name: Filiz Yildirim Geburtsdatum: 3.9.1982
....	09/1987 – 07/1990 Staatliche Sekundarschule, Istanbul
....	10/1996 – 08/2014 Anstellung als Bürokauffrau, Istanbul
....	02/2010 – 05/2010 Computerkurs MS Office und SAP
....	Sprachen: Türkisch, Deutsch, Englisch

12 Verben mit Präpositionen 6

a Was ist richtig?

1	anfangen	an	auf	(mit)	8	achten	an	vor	auf
2	sich freuen	an	von	auf	9	warten	für	auf	zu
3	sich ärgern	über	auf	an	10	sich treffen	auf	mit	über
4	sich interessieren	für	über	um	11	diskutieren	über	auf	von
5	sich bedanken	an	auf	für	12	sich vorbereiten	an	zu	auf
6	sich bewerben	von	vor	um	13	sich beschweren	auf	über	von
7	denken	auf	an	zu	14	sich verabreden	mit	über	auf

b Welche Präpositionen passen? Ergänzen Sie.

Ich interessiere mich ....1.... die Stelle von Data Consult. Meine letzten Bewerbungen hatten keinen Erfolg, ich habe mich sehr ....2.... die Absagen geärgert. Vor zwei Wochen habe ich mich ....3.... die Stelle bei Data Consult beworben und hatte endlich Glück. Ich habe schon einen Termin zu einem Vorstellungsgespräch bekommen und habe mich ....4.... dem Personalchef nächsten Freitag verabredet. Ich denke jetzt die ganze Zeit ....5.... diesen Termin und warte ....6.... den Freitag. Ich werde ....7.... passende Kleidung achten und habe mich auch schon gut ....8.... das Gespräch vorbereitet. Ich freue mich ....9.... die Arbeit bei Data Consult.

13 Lesen Sie die E-Mail. 8

Was ist richtig, a, b oder c? Kreuzen Sie an.

An	bewerbung@rezeptionist.de
Von	anja.kowalska@deu.de
Betreff	Bewerbung als Rezeptionistin

Sehr ....1.... Herr Schneider,

mit großem Interesse habe ich Ihre ....2.... im Internet gelesen und möchte mich hiermit als Rezeptionistin bewerben.

Wie Sie meinem Lebenslauf entnehmen ....3...., habe ich in Polen bereits in mehreren Hotels gearbeitet. Dabei konnte ich Erfahrungen bei der Arbeit am Empfang ....4..... Auch das Bearbeiten von Anfragen und Buchungen gehörte zu meinen Tätigkeiten. Es macht mir großen Spaß, Gäste zu beraten, und ich kann von mir sagen, dass ich sehr kontaktfreudig und zuverlässig bin. Die von Ihnen angebotene Stelle wäre für mich eine willkommene berufliche Herausforderung, ...5.... ich gerne auch in Deutschland in meinem Beruf arbeiten würde. Meine Muttersprache ist Polnisch. Ich spreche auch gut Englisch und Deutsch. Das telc Zertifikat Deutsch B1+ Beruf habe ich erfolgreich abgeschlossen.

Über eine Einladung zu einem persönlichen Gespräch ....6.... ich mich freuen.

Mit freundlichen Grüßen

Anja Kowalska

1	2	3	4	5	6
a ☐ geehrte	a ☐ Stelle	a ☐ sollen	a ☐ haben	a ☐ das	a ☐ wäre
b ☐ geehrter	b ☐ Anzeige	b ☐ können	b ☐ tun	b ☐ wenn	b ☐ würde
c ☐ geehrten	c ☐ Angebot	c ☐ dürfen	c ☐ sammeln	c ☐ da	c ☐ hätte

14 Bevor, nachdem, seitdem, während 9

a Verbinden Sie die Sätze mit *bevor*. Schreiben Sie die Sätze in Ihr Heft.

1 Zuerst arbeiten wir. Dann gehen wir frühstücken.
Bevor wir frühstücken, arbeiten wir. Wir arbeiten, bevor wir frühstücken.

2 Zuerst räume ich auf. Dann sehe ich fern. ....

3 Zuerst trinke ich Kaffee. Dann gehe ich in den Kurs. ....

4 Zuerst muss ich Geld holen. Dann kann ich einkaufen. ....

b Ergänzen Sie *bevor*, *nachdem* oder *seitdem*.

.... sie nach Deutschland kam, sprach sie noch kein Wort Deutsch. .... Julia in Deutschland ist, spricht sie jeden Tag Deutsch. .... sie ein Schreibtraining gemacht hatte, konnte sie gut auf Deutsch schreiben und nun kann sie sich auch als Sekretärin bewerben. .... sie sich aber bewerben kann, muss sie noch ihre Zeugnisse übersetzen lassen.

c Verbinden Sie die Sätze mit *während*. Schreiben Sie die Sätze in Ihr Heft.

1 Oleg kocht. Das Telefon klingelt. ....

2 Saskia arbeitet. Saskia hört Musik. ....

3 Stefano schläft. Der Hund bellt. ....

4 Fatima duscht. Fatimas Kind malt. ....

5 Tim geht zum Bus. Es regnet. ....

15 Arbeit und Leben 8-9

Sie hören zwei Gespräche. Dazu gibt es zwei Aufgaben. Entscheiden Sie bei jeder Aufgabe, ob die Aussage dazu richtig oder falsch ist und welche Antwort, a, b oder c, am besten passt. 37

1 Frau Gonzales und Herr Schneider sind Kollegen. ✓ ☐ ✗ ☐

2 Frau Gonzales
a ☐ hat schon Erfahrungen in Hotelberufen.
b ☐ hat auch in England gearbeitet.
c ☐ hat bereits Mitarbeiter vom Hotel Astoria kennengelernt.

3 Bernd und Julian kennen sich schon lange. ✓ ☐ ✗ ☐

4 Bernd möchte
a ☐ mehr Zeit für die Kinder haben.
b ☐ Vollzeit arbeiten.
c ☐ nicht gern am Wochenende arbeiten.

Lernwortschatz

Schreiben Sie Sätze.

Bewerbungen

der Ansprechpartner/die Ansprechpartnerin ……
das Arbeitsmaterial ……
der (unbefristete/befristete) Arbeitsvertrag ……
das Arbeitszeugnis ……
die Aufgabe ……
die Berufserfahrung ……
die Bewerbung ……
sich bewerben *Julia bewirbt sich im Hotel.*
das Bewerbungsfoto ……
das Bewerbungsgespräch/das Vorstellungsgespräch ……
die Fähigkeit ……
die Festanstellung ……
die Kenntnis ……
der Lebenslauf ……
die Probezeit ……
die Qualifikation ……
die Stelle ……
die Stellenanzeige ……
die Tätigkeit ……
abwechslungsreich ……
flexibel ……
teamfähig ……
zuverlässig ……

Verben mit Präpositionen

Finden Sie die richtigen Präpositionen.

mit Dativ:

sich *bei* jemandem bedanken ……
sich …… jemandem/etwas bewerben ……
…… jemandem diskutieren ……
sich …… jemandem entschuldigen ……
jemandem …… etwas helfen ……
…… jemandem sprechen ……
…… jemandem/etwas träumen ……
sich …… jemandem treffen ……
sich …… jemandem verabreden ……

mit Akkusativ:

…… etwas achten ……
sich …… jemanden ärgern ……
sich …… etwas bedanken ……
sich bewerben …… ……
…… jemanden/etwas denken ……
…… etwas diskutieren ……
sich …… etwas entschuldigen ……
sich …… jemanden/etwas freuen ……
sich …… jemanden/etwas interessieren ……
…… jemanden/etwas warten ……

1 Umweltwörter 1

a Ordnen Sie die Verben zu.

belasten | kosten | recyceln | ~~schützen~~ | sammeln | senken | sparen | trennen | verbrauchen | vergleichen | verschmutzen | verschwenden

1 Umwelt: *schützen,* ……
2 Wasser: ……
3 Energie: ……
4 Papier: ……
5 Strom: ……
6 Heizkosten: ……
7 Müll: ……

b Schreiben Sie Sätze.

Wir sollen die Umwelt schützen ……

2 Umweltschutz im Büro 1

a Sie hören Aussagen zu einem Thema. Welcher der Sätze a–f passt zu den Aussagen 1–4? Lesen Sie zuerst die Sätze. Sie haben dazu eine Minute Zeit. 38

1 a ☐ b ☐ c ☐ d ☐ e ☒ f ☐
2 a ☐ b ☐ c ☐ d ☐ e ☐ f ☐
3 a ☐ b ☐ c ☐ d ☐ e ☐ f ☐
4 a ☐ b ☐ c ☐ d ☐ e ☐ f ☐

a Es gibt mehrere Möglichkeiten, beim Heizen Geld zu sparen.
b Man sollte auf alte Geräte, die viel Strom verbrauchen, verzichten.
c Wichtiger als der Papierverbrauch sind die hohen Stromkosten.
d Man soll kein Papier mehr verbrauchen.
~~e~~ Es wird immer noch zu wenig umweltfreundliches Papier verwendet.
f Alle Räume sollten eine ähnliche Temperatur haben.

b Hören Sie noch einmal. Was ist richtig, a oder b? Kreuzen Sie an. 38

Sprecher 1 denkt,
a ☐ dass immer noch zu viel Papier verwendet wird.
b ☐ dass es bald in Büros kein Papier mehr geben wird.

Sprecherin 2
a ☐ bekommt Kopfweh, wenn sie den ganzen Tag am PC sitzt.
b ☐ findet es problematisch, dass die PCs oft nachts an sind.

Sprecher 3 ist der Meinung,
a ☐ dass man bei der Arbeit weniger Kaffee trinken sollte.
b ☐ dass die alten Geräte in der Küche ein Problem sind.

Sprecherin 4 glaubt,
a ☐ dass offene Türen zu hohen Heizkosten führen.
b ☐ dass die Kollegen sich oft bei der Heizung nicht einigen können.

3 Wie können wir die Umwelt schützen? 2

Schreiben Sie Sätze.

1 Umwelt schützen? → Fahrrad fahren

Wir können die Umwelt schützen, indem wir Fahrrad fahren.

Indem wir Fahrrad fahren, können wir die Umwelt schützen.

2 weniger Energie verbrauchen → Energiesparlampen benutzen

....

....

3 Heizkosten sparen → nachts die Heizung ausschalten

....

....

4 Strom sparen → die Geräte ausschalten, wenn wir sie nicht brauchen

....

....

5 Wasser sparen → weniger baden und mehr duschen

....

....

6 Verpackungsmüll reduzieren → keine Plastiktüten verwenden

....

....

4 *Auf/an/aus/zu/ein* 3

a Ergänzen Sie die passende Vorsilbe.

1 ▶ Ich möchte Kopien machen. Wie schaltet man den Kopierer .... ? Können Sie mir helfen?
▷ Ja, schauen Sie, das geht so. ... Vergessen Sie aber nicht, den Kopierer .... zuschalten, wenn Sie fertig sind.

2 ▶ Mach bitte die Heizung .... Es ist sehr kalt.
▷ Ich kann die Heizung gerne .... drehen, wenn du möchtest.

3 ▶ Können Sie bitte das Fenster .... machen? Es zieht.
▷ Kein Problem, ich schließe es gleich. Aber später machen wir es wieder .... Lüften ist wichtig.

b Wie heißen die Gegenteile? Ordnen Sie zu.

1	anmachen	a	abdrehen	(Heizung)
2	aufdrehen	b	ausmachen	(Licht)
3	aufdrehen	c	ausschalten	(Gerät)
4	aufmachen	d	zudrehen	(Wasserhahn)
5	einschalten	e	zumachen	(Fenster)
6	öffnen	f	schließen	(Tür)

c Schreiben Sie Sätze mit den Verbpaaren aus Aufgabe 4b.

Hast du in der Küche das Licht angemacht und nicht wieder ausgemacht?

5 Konjunktiv II 4

a Ergänzen Sie die Tabelle.

	werden	haben	sein	können	sollen
ich		*hätte*			
du					*solltest*
er/sie/es					
wir	*würden*				
ihr			*wärt*		
sie/Sie				*könnten*	

b Höfliche Bitten mit *könnte* oder *würde*. Schreiben Sie Fragen.

1 Sie haben kein Telefon und müssen telefonieren. (können | Handy geben)

Könnten Sie mir bitte Ihr Handy geben?

2 Sie möchten Herrn Meier sprechen. (können | mich verbinden mit)

3 Sie möchten, dass Ihr Kollege Ihnen sagt, wie spät es ist. (können | Uhrzeit sagen)

4 Sie möchten, dass Ihre Freundin das Fenster zumacht. (können | zumachen)

5 Sie möchten, dass Ihr Kursleiter einen Satz wiederholt. (würden | wiederholen)

c Schreiben Sie Ratschläge mit *könnte* oder *sollte*.

1 Was kann ich tun? Ich bin immer müde. (du | sollen | mehr Sport machen)

Du solltest mehr Sport machen.

2 Was können sie tun? Sie haben Kopfschmerzen. (sie | sollen | weniger am Computer arbeiten)

....

3 Was können wir tun? Wir finden keine Arbeit. (ihr | können | zum Jobcenter gehen)

....

4 Was kann er tun? Sein Rücken tut immer weh. (er | können | ins Fitnessstudio gehen)

....

d Ergänzen Sie *würde*, *wäre* oder *hätte*.

1 Ich .... gern mehr Energie sparen, aber ich weiß nicht wie.

2 Ich .... gern eine umweltfreundliche Waschmaschine, die Strom und Wasser spart.

3 Ich .... jetzt gern auf dem Land. Dort ist die Luft viel besser als in der Stadt. Ich .... dann viel spazieren gehen.

4 Ich .... gern halbtags arbeiten. Dann .... ich sehr zufrieden, weil ich mehr Zeit für meine Kinder ....

6 *Musste/müsste, wusste/wüsste, konnte/könnte, war/wäre*

a Ergänzen Sie die Tabelle.

	müssen	wissen		müssen	wissen
ich	*müsste*	*wüsste*	wir		
du		*wüsstest*	ihr	*müsstet*	
er/sie/es			sie/Sie		

b Entscheiden Sie. Wo müssen Sie das Präteritum verwenden? Wo den Konjunktiv II?

1 konnte/könnte

Ich .... gestern nicht kommen, weil ich krank war. Heute .... ich zu dir kommen, wenn du möchtest.

2 waren/wären

Wir .... jetzt gern in den Bergen – dort, wo wir letztes Jahr im Urlaub .... Das hat uns sehr gefallen und wir würden gern wieder dorthin fahren.

3 musste/müsste

Ich .... schon wieder am Wochenende arbeiten. Wenn ich jedes Wochenende arbeiten .... , würde ich mir eine andere Arbeit suchen.

c Was würden Sie machen, wenn ... ? Ordnen Sie die Sätze.

1 Wenn | viel Zeit | hätte | ich | ich | lesen | viele Bücher | würde

....

2 Wenn | gewinnen | ich | würde | im Lotto | ich | würde | eine Weltreise | machen

....

3 Wenn | wäre | kaputt | unsere Waschmaschine | wir | kaufen | würden | eine neue

....

4 Wenn | ich | besser | könnte | Englisch | keinen Kurs | ich | besuchen | müsste

....

7 Was wäre, wenn ... ? 6

Schreiben Sie und beenden Sie die Sätze.

1 ich viel Geld haben/...

Wenn ich viel Geld hätte, würde ich eine Weltreise machen.

2 ich eine neue Wohnung haben/...

....

3 Julia sehr gut auf Deutsch schreiben können/...

....

4 Peter nicht so früh aufstehen müssen/...

....

5 Oliver mehr Zeit haben/...

....

6 wir kein Handy haben/...

....

7 ich kein Internet haben/...

....

8 Wir haben Urlaub. 7

Schreiben Sie den Text anders. Verwenden Sie *brauchen nicht + zu*.

1 Wir müssen nicht arbeiten. *Wir brauchen nicht zu arbeiten.*

2 Wir müssen nicht früh aufstehen. ....

3 Wir müssen nicht am Computer sitzen. ....

4 Wir müssen den PC überhaupt nicht anschalten. ....

5 Am Abend müssen wir nicht früh ins Bett gehen. ....

9 Kündigungsschreiben 8

a Ordnen Sie den Brief und schreiben Sie ihn neu.

1. 60305 Frankfurt
2. Abonnementsabteilung
3. Bitte senden Sie mir eine Bestätigung,
4. Bornheimer Nachrichten
5. dass Sie die Kündigung bekommen haben.
6. Heidestraße 12
7. hiermit kündige ich
8. Ich war mit Ihrer Zeitung in der letzten Zeit nicht mehr zufrieden
9. **Kündigung meines Abos Nr. 20113**
10. mein Zeitungsabonnement zum schnellstmöglichen Zeitpunkt.
11. Mit freundlichen Grüßen
12. Sehr geehrte Damen und Herren,
13. und oft ist sie auch gar nicht gekommen.
14. *Unterschrift*

....

....

....

Abonnementsabteilung

....

Heidestraße 12

....

....

....

....

....

....

....

....

b Sie möchten Ihre Mitgliedschaft bei dem Fitnessstudio *McMove* kündigen. Schreiben Sie eine E-Mail an das Fitnessstudio *McMove*.

Schreiben Sie etwas zu folgenden Punkten:

- Grund für Ihr Schreiben
- Grund für die Kündigung
- Wann?
- Bitte um Bestätigung

An
Von
Betreff

10 Lesen Sie den Text. 8

Entscheiden Sie, ob die Aussagen 1–3 richtig sind. Kreuzen Sie an.

Den Stromanbieter wechseln? Wie geht das?

Berechnen Sie zuerst Ihren Stromverbrauch.

Dazu müssen Sie den für Ihre Wohnung passenden Stromzähler im Haus finden. Auf Ihrer Stromrechnung finden Sie die Nummer Ihres Stromzählers. Lesen Sie den Zähler am Monatsanfang und Monatsende ab und notieren Sie Ihren Verbrauch. Vergleichen Sie den mit den monatlichen Stromkosten, die auf Ihrer Stromrechnung stehen. Jetzt können Sie sich informieren, ob es einen günstigeren Anbieter gibt. Hierzu gibt es zahlreiche Online-Tarifrechner im Internet. Dort sehen Sie, welche Anbieter es an Ihrem Wohnort gibt, und Sie bekommen eine Liste der Preise und Vertragsbedingungen der einzelnen Anbieter.

Sie haben sich für einen neuen Anbieter entschieden?

Dann kann der Wechsel sehr schnell gehen. Der neue Anbieter kündigt für Sie Ihren Vertrag mit dem alten Anbieter. Sie müssen hier gar nichts tun und keine Angst haben, dass Sie eine Zeit lang ohne Strom sind. Sie müssen aber die Kündigungsfristen bei Ihrem alten Anbieter beachten.

Worauf sollten Sie achten?

Recherchieren Sie im Internet, wie der neue Anbieter bewertet wird. Schauen Sie nicht nur nach dem augenblicklich angebotenen Preis und nach Bonusangeboten. Gibt es für eine längere Zeit eine Preisgarantie? Wie lange sind die Vertragslaufzeiten, an die Sie gebunden sind? Diese können sehr lang sein, wenn die Preise besonders günstig sind. In dieser Zeit könnten Sie nicht noch einmal wechseln.

Ein Wechsel kann sinnvoll sein. Aber nehmen Sie sich Zeit!

		✓	✗
1	Bei der Berechnung des Stromverbrauchs hilft das Internet.	☐	☐
2	Sie brauchen selbst keinen Kündigungsbrief zu schreiben.	☐	☐
3	Bei einem Wechsel sollte man nicht nur auf die Kosten achten.	☐	☐

Lernwortschatz

Schreiben Sie Beispielsätze mit Modalverben.

Energie
sparen — *Ich könnte viel mehr Energie sparen.*
verbrauchen
verschwenden

das Energiesparen
der Vorschlag
die Besprechung

Fenster
auf-/zumachen
öffnen/schließen
kippen

Heiz-/Stromkosten
senken
sparen

Heizung
auf-/abdrehen
an-/ausmachen

Finden Sie weitere Substantive zu den Verben

Licht/Geräte — *Computer, Fernseher,*
an-/ausschalten
an-/ausmachen

die Umwelt
schonen — *Wir sollten die Umwelt schonen.*
belasten

der Vertrag
die Kündigung
kündigen
fristgerecht
die Bestätigung
schriftlich

benutzen – verwenden
allein – gemeinsam
lüften

indem

1 Besondere Ernährungsweisen

Ordnen Sie zu.

1 Wer sich vegan ernährt, isst keine
2 Wer Vegetarier ist, verzichtet auf
3 Wer Fertiggerichte isst,
4 Wer kein Gluten verträgt, vermeidet

a Fleisch.
b Getreideprodukte.
c nimmt Zusatzstoffe zu sich.
d tierischen Produkte.

2 Meinungen zu gesunder Ernährung

Was ist richtig? Ergänzen Sie *dass* | *denn* | *weil* | *warum*.

Ich verstehe nicht, ……1…… heute fast alle so viel über Ernährung reden. Ich verstehe das nicht, ……2…… es auf der Welt doch viel wichtigere Probleme gibt. Ich finde, ……3…… man essen soll, was einem schmeckt, ……4…… Essen soll doch Spaß machen. Ich liebe Fleisch!

Was ist richtig? Ergänzen Sie *aber* | *bevor* | *da* | *dass* | *damit (2x)* | *deshalb* | *ob* | *wenn*.

Auch ein guter Freund von mir hat früher Fleisch gegessen, ……5…… er Vegetarier war. Jetzt möchte er auch auf Produkte von lebenden Tieren verzichten und sich nur noch vegan ernähren. ……6…… macht er einen Kochkurs für vegane Ernährung und hat mich gefragt, ……7…… ich Interesse hätte mitzumachen. ……8…… ich gerne koche und es interessant finde, neue Ideen zu bekommen, ……9…… man sich nicht zu einseitig ernährt, habe ich mich auch angemeldet. Ich bin gespannt, denke aber nicht, ……10…… ich das könnte, mich ganz ohne Fleisch, Milchprodukte, Eier und Käse ernähren. ……11…… ich Fleisch kaufe, dann nur Biofleisch. Es ist teuer, ……12…… ich gebe gern mehr aus, ……13…… die Tiere gut behandelt werden und nicht aus der Massentierhaltung stammen.

3 Gesund leben. Konjunktiv II der Gegenwart

Was passt? Ergänzen Sie *könnte* | *wäre* | *hätte*.

Vieles ist ungesund. Aber oft schmeckt das, was ungesund ist. Ich zum Beispiel ……1…… keine Lust, nichts Süßes mehr zu essen, ich ……2…… auf Schokolade nicht verzichten. Nichts Süßes, das ……3…… nichts für mich.

Was passt? Ergänzen Sie *würde* | *könnte* | *hätte*.

Ich ……4…… gern Tipps für eine gesunde Ernährung. Ich ……5…… gern lernen, wie man gesund und lecker kocht. Vielleicht ……6…… ich ja einen Kochkurs zum Thema „Gesund kochen" machen.

4 *Hätte, wäre* – Konjunktiv II der Vergangenheit 2

a Ergänzen Sie.

1 Heute würde ich gern ein Essen machen, aber der Kühlschrank ist leer.

Gestern *hätte* ich gern ein Essen *gemacht* , aber der Kühlschrank war leer.

> Gestern habe ich gekocht. (Es war lecker.)
>
> Gestern hätte ich gern gekocht. (Ich hatte keine Zeit.)

> Gestern bin ich geschwommen. (Es war schön.)
>
> Gestern wäre ich gern geschwommen. (Ich hatte keine Zeit.)

2 Heute Abend würde ich gern mit dir ins Kino gehen, aber du hast ja keine Zeit.
Gestern Abend .... ich gern mit dir ins Kino .... , aber du hattest ja keine Zeit.

3 Ich würde gern weniger arbeiten, aber mein Chef ist nicht einverstanden.
Letzte Woche .... ich gern weniger .... , aber mein Chef war nicht einverstanden.

4 Juan würde später gern zu mir kommen, aber leider muss er arbeiten.
Gestern .... Juan gern zu mir .... , aber leider musste er arbeiten.

5 Ich würde gern für die Prüfung lernen, aber ich kann die Bücher nicht finden.
Gestern Abend .... ich gern für die Prüfung .... , aber ich konnte die Bücher nicht finden.

b Ergänzen Sie.

1 Wenn ich besser für die Prüfung *gelernt hätte* , dann hätte ich sie bestanden. (lernen)

2 Wenn ich gestern früher ins Bett *gegangen wäre* , dann wäre ich jetzt nicht so müde. (gehen)

3 Wenn die S-Bahn heute Morgen keine Verspätung .... , wäre ich pünktlich gekommen. (haben)

4 Wenn du gestern .... , wäre der Kühlschrank nicht so leer. (einkaufen)

5 Wenn Maria letzte Woche nicht nach Brasilien .... , könnte sie heute auf unsere Party kommen. (fahren)

6 Wenn du Kinokarten .... , dann könnten wir den Film sehen. (reservieren)

c Formen Sie die Sätze aus 4b um.

1 *Hätte ich besser für die Prüfung gelernt, dann hätte ich sie bestanden.*

2 ....

3 ....

4 ....

5 ....

6 ....

5 Essen – Vorlieben und Wünsche 3|4

a Ergänzen Sie die Wörter.

allergisch | Fleisch | Nachtisch | Rezept | schärfer | vegetarisch | verträgt

Am Wochenende kochen wir ……1…… – Spaghetti mit Soße, ganz ohne Fleisch. Wir nehmen auch keinen Käse, da Ana Käse nicht ……2…… . Das ……3…… ist ganz einfach, Zwiebeln, frische Tomaten und natürlich viele Gewürze, Thymian und Oregano. Und um alles etwas ……4…… zu machen, nehmen wir auch etwas Chili. Früher habe ich die Tomatensoße immer mit Hackfleisch zubereitet, aber es geht auch ohne ……5…… und schmeckt genauso gut. Zum ……6…… gibt es dann einen tollen Obstsalat, aber ohne Nüsse, da Eleni ……7…… gegen Nüsse ist.

b Was essen Sie immer/oft/manchmal/selten/nie? Und warum?
Schreiben Sie einen Beitrag für das Internetforum *Und was esst ihr so?*.

Mark98:
Ich esse selten Fisch, weil ich den nicht zubereiten kann. Immer wenn ich zu Hause bin, macht meine Mutter für mich ein leckeres Fischgericht. Joghurt und Quark esse ich nie, denn das schmeckt mir nicht.

……………………………………………………………………

……………………………………………………………………

……………………………………………………………………

c Was würden Sie gerne einmal essen? Was würden Sie nie/nur ungern essen?
Schreiben Sie noch einen Beitrag für das Internetforum *Was würdest du gerne mal essen?*.

Maliha_38:
Ich würde so gerne einmal Sauerkraut und Klöße probieren! Leider gibt es im Restaurant immer nur Schweinefleisch dazu. Das würde ich aber niemals essen. Das ist bei uns verboten.

……………………………………………………………………

……………………………………………………………………

……………………………………………………………………

6 Verben mit Präpositionen 5

a Welche Präposition passt? Markieren Sie.

1	ausgeben	aus	mit	(für)
2	achten	für	auf	an
3	bestehen	mit	aus	von
4	sich ernähren	von	vor	aus
5	verzichten	an	auf	um
6	denken	von	an	über
7	sich ärgern	für	zu	über
8	sich interessieren	an	für	auf
9	warten	für	an	auf
10	sich freuen	über	an	vor
11	sich freuen	von	auf	zu
12	diskutieren	von	über	an
13	träumen	von	für	zu
14	sich vorbereiten	für	zu	auf

b Ergänzen Sie die Dialoge.

1 *Worauf* freust du dich?
Auf das Wochenende.
Darauf freue ich mich auch.

2 *Auf* wen freust du dich?
Auf meine Schwester.
Auf deine Schwester freue ich mich auch.

3 ▶ .... achtest du beim Kochen?
▷ Ich achte .... frische Zutaten.
▶ .... müsste ich auch mehr achten.

4 ▶ .... denkst du?
▷ .... meine Eltern.
▶ .... denke ich auch oft.

5 ▶ .... ernähren Sie sich am liebsten?
▷ .... frisch zubereitetem Essen.
▶ Ja, ... ernährt man sich am besten.

6 ▶ .... besteht diese Soße?
▷ .... Tomaten und Wasser.
▶ Nur .... ? Schmeckt das?

7 ▶ .... haben Sie sich heute geärgert?
▷ .... den Busfahrer.
▶ .... den ärgere ich mich immer.

8 ▶ .... verzichten Sie beim Essen?
▷ .... Fertiggerichte und Konserven.
▶ .... würde ich auch verzichten.

9 ▶ .... hast du heute Nacht geträumt?
▷ .... unserem Lehrer.
▶ .... habe ich noch nie geträumt.

10 ▶ .... freust du dich?
▷ .... die Ferien nächste Woche.
▶ .... freue ich mich auch.

c Schreiben Sie weitere Dialoge.

7 Lebensmittel 6

a Ordnen Sie die Wörter den Kategorien zu. Ergänzen Sie die Artikel.

Becher | Käse | Apfel | Zwiebel | Nudeln | Milch | Sahne | Butter | Fleisch | Zitrone | Kartoffel | Brot | Praline | Birnen | Brötchen | Schokolade | Päckchen | Schnitzel | Banane | Salami | Orange | Hähnchen | Joghurt | Pflaumen | Liter | Weißbrot | Dose | Tomate | Salat | Mehl | Marmelade | Schinken | Fisch | Kuchen | Eis | Rindfleisch | Salz | Pfeffer | Gramm | Ei | Reis | Pfund | Öl | Kaffee | Tee | Apfelsaft | Wein | Bier | Wasser | Limonade | Kilo | Stück | Flasche

Milchprodukte	Getreideprodukte	Obst	Gemüse	Tierische Produkte
die Milch,	*das Mehl,*			

Süßes und Fette	Getränke	Gewürze	Mengen und Verpackungen

b Welche weiteren Lebensmittel kennen Sie noch? Ergänzen Sie die Tabelle.

8 *Jemand* oder *niemand*? 7

Was passt? Ergänzen Sie *jemand(en)* oder *niemand*. Hören Sie dann den Dialog zur Kontrolle. 39

▶ Wir kochen doch morgen. Hat ....1.......... eine Idee, was wir essen können?
▷ Vielleicht einen Salat.
▶ Super. Kennt ihr ....2.........., der eine gute Salatsoße machen kann?
○ Ja, Julia kann das gut. Hast du auch Paolo angerufen? Er wollte doch einen Nachtisch mitbringen.
▶ Ja, ich habe bei ihm zuhause angerufen, aber ....3.......... ist ans Telefon gegangen. Ich versuche es später noch einmal.
▷ Was wollen wir eigentlich morgen trinken? Ich kann einen tollen Kaffee besorgen.
○ Du, ich glaube nicht, dass abends noch ....4.......... Kaffee möchte.
▷ Ja, wahrscheinlich trinkt ....5.......... abends Kaffee außer mir.

9 *Irgend ...* 7

a Was passt? Ergänzen Sie *irgendwer, irgendwann, irgendwie, irgendwo.*

▶ Wann bist du im Restaurant *Zur Sonne* gewesen?

▷ ....1.......... im Sommer, ich weiß nicht mehr genau wann.

▶ Und wer hat dir das empfohlen?

▷ ....2.......... aus dem Deutschkurs. Ich glaube, es war Tom.

▶ Wo ist das Restaurant eigentlich?

▷ Ich kann mich nicht mehr genau erinnern. Es ist ....3.......... am Main.

▶ Wenn du das vergessen hast, war das Restaurant doch nicht so toll.

▷ Nein, ...4.......... hat mir das Essen dort gar nicht geschmeckt.

b Schreiben Sie die Fragen und antworten Sie mit dem passenden Pronomen.

~~Irgendwo.~~ | Irgendwann. | Irgendwie. | Mit irgendjemandem. | Nein, niemand.

1 du | wo | warst | gestern | ?

Wo warst du gestern? .... *Irgendwo.*

2 mit | hast | du | wem | gesprochen | ?

....

3 die | gemacht | Hausaufgaben | wie | hast | du | ?

....

4 geholfen | dabei | hat | jemand | dir | ?

....

5 wann | spazieren | wir | wieder | gehen | ?

....

c Beantworten Sie die Fragen mit *niemand* oder *jemand* im Akkusativ oder Dativ.

1 An wen denken Sie?

Ich denke an niemanden/jemanden.

2 Auf wen warten Sie?

....

3 Mit wem diskutieren Sie?

....

4 Über wen ärgern Sie sich?

....

5 Von wem träumen Sie?

....

10 Gesundes Leben 9

Sie hören zwei Gespräche. Dazu gibt es zwei Aufgaben. Entscheiden Sie bei jeder Aufgabe, ob die Aussage dazu richtig oder falsch ist und welche Antwort, a, b oder c, am besten passt. 40

1 Die beiden Personen sprechen über günstige Krankenkassentarife. ✓ ☐ ✗ ☐

2 Sie wollen
- a ☐ ihre Krankenkasse wechseln.
- b ☐ vielleicht ein Angebot der Krankenkasse nutzen.
- c ☐ von der Krankenkasse Geld zurückbekommen.

3 Oleg und Peter sind beim Abendessen. ✓ ☐ ✗ ☐

4 Oleg und Peter
- a ☐ essen gerne früh zu Abend.
- b ☐ haben schon einmal zusammen einen Kurs besucht.
- c ☐ interessieren sich für Essen ohne Fleisch.

11 Rückenschule – fit durch Bewegung 9

Ihre Krankenkasse bietet den Gesundheitskurs *Rückenschule – fit durch Bewegung* an. Wenn man an diesem Kurs regelmäßig teilnimmt, kann man Geld von der Krankenkasse zurückbekommen. Schreiben Sie Heinrich Musterfeld von Ihrer Krankenkasse eine E-Mail.

Schreiben Sie etwas zu folgenden Punkten:
- Grund für Ihr Schreiben
- Grund für Ihre Teilnahme
- Ort und Zeit
- Kosten

Die folgenden Satzbausteine können helfen.

Ich habe Interesse an ... | Ich interessiere mich für ... | Ich schreibe Ihnen, weil .... | Könnten Sie mir Informationen über ... | Weiter hätte ich gerne Informationen über ... | Könnten Sie mir mitteilen, ob ... | Weiter würde mich interessieren, ... | Vielen Dank im Voraus für Ihre Antwort.

An

Von

Betreff

Lernwortschatz

Schreiben Sie Beispielsätze.

Ernährung und Gesundheit

das Bioprodukt	*Ich kaufe immer Bioprodukte, weil sie gesund sind.*
das Biofleisch	
der biologische Anbau	
die Ernährung	
die Ernährungsgewohnheit	
das Gericht	
gesund/ungesund	
der Gesundheitskurs	
glutenfrei	
das Kochbuch	
die Massentierhaltung	
vegan	
der/die Vegetarier/in	
vegetarisch	

Ergänzen Sie die Artikel und Pluralformen

Lebensmittel

die	Allergie	*die Allergien*
	Fertiggericht	
	Fett	
	Geschmack	
	Getreide	
	Getreideprodukt	
	Hülsenfrucht	
	Qualität	

Verben

achten auf	
allergisch sein gegen	
bestehen aus	
enthalten	
erkennen an	
sich Gedanken machen über	
(bewusst) genießen	
leiden an/unter	
vertragen	
verzichten auf	
Wert legen auf	
zubereiten aus	

1 Schäden und Versicherungen 1

Welches Wort passt nicht? Streichen Sie durch.

1	einen Schaden	verursachen – melden – kosten – reparieren
2	eine Versicherung	abschließen – kündigen – verletzen – übernehmen
3	Kosten	verursachen – übernehmen – regulieren – beschädigen
4	ein Auto	versichern – zulassen – fahren – zusammenstoßen

2 Was ist hier passiert? 1

a Ergänzen Sie.

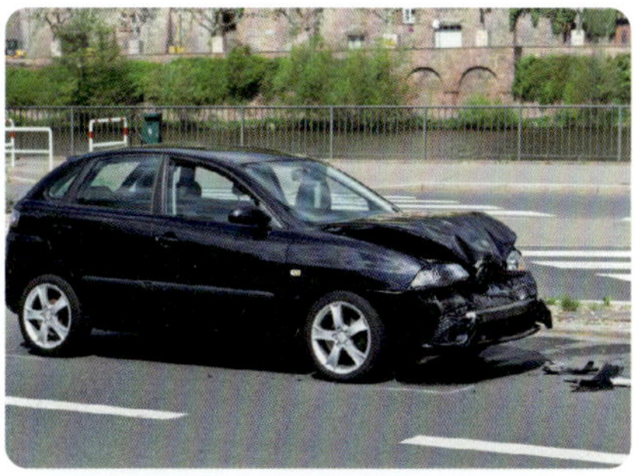

Blechschaden | Fahrzeug | Polizei | Unfall | Verletzten

25. Oktober. Heute kam es zu einem .... 1 .... auf der Babenhäuser Straße. Ein PKW fuhr gegen ein anderes .... 2 .... Er hatte die Vorfahrt nicht beachtet. Passanten riefen die .... 3 .... Zum Glück gab es keine .... 4 .... , aber der .... 5 .... war erheblich.

Feuerwehr | Schaden | Versicherung | Wohnhäuser

24. Oktober. In der Nacht zum Montag verursachten schwere Stürme großen .... 6 .... Wie die .... 7 .... mitteilte, kam es vor allen Dingen zu Schäden an Dächern vieler .... 8 .... Die Polizei riet allen Betroffenen, schnell mit ihrer .... 9 .... Kontakt aufzunehmen.

Bargeld | Einbrecher | Straßenseite | Täter

Wer kennt diesen Mann?
Die Polizei bittet um Ihre Mithilfe. Ein noch unbekannter .... 10 .... brach am Mittwoch durch die Terrassentür eines Einfamilienhauses in der Lorcher Straße ein und stahl .... 11 .... und Schmuck. Einem Passanten, der zufällig auf der anderen .... 12 .... sein Auto parkte, gelang es, den .... 13 .... mit dem Handy zu fotografieren.

b Ein Zeuge erzählt. Ergänzen Sie das Perfekt.

Am Montag *habe* ich nicht so lange *gearbeitet* (arbeiten). Ich ___1___ früher von der Arbeit ___2___ (kommen) und ___3___ gegen 15.30 Uhr mein Auto gegenüber der Lorcher Straße 12 ___4___ (parken). Plötzlich ___5___ ich einen Mann ___6___ (sehen), der aus der Terassentür kam. Ich ___7___ sofort ___8___ (merken), dass das ein Einbrecher war, und ___9___ schnell mit meinem Handy ein Foto von dieser Person ___10___ (machen). Danach ___11___ ich sofort die Polizei ___12___ (anrufen).

3 Versicherungen 1

a Ordnen Sie den Text.

a eine Kfz-Haftpflichtversicherung abschließen. Jeder Autofahrer muss diese Versicherung haben, sie ist

b und mit einem anderen Auto zusammenstößt, zahlt die Versicherung die Reparatur des anderen Autos.

c die Kosten für die ärztliche Behandlung. Die Haftpflichtversicherung zahlt aber nur den Schaden an anderen Fahrzeugen;

d Person entstehen. Wenn man zum Beispiel die Vorfahrt nicht beachtet

e Ella und Martin haben ein Auto gekauft und müssen, bevor sie das Auto zulassen können,

f ein Schaden am eigenen Auto wird nicht übernommen.

g Wenn der Fahrer des anderen Autos bei dem Unfall verletzt wird, übernimmt die Versicherung auch

h gesetzlich vorgeschrieben. Wenn man einen Unfall verursacht, ist man so gegen Sach- und Personenschäden versichert, die einer anderen

1	e	3	☐	5	☐	7	☐
2	☐	4	☐	6	☐	8	☐

b Was passt? Ergänzen Sie.

abschließen | Diebstahl | Schaden | versichern | verursacht

Man kann sich auch gegen Schäden am eigenen Auto ___1___. Dazu kann man eine Zusatzversicherung ___2___. Bei der Teilkaskoversicherung ist man gegen Schäden zum Beispiel durch Feuer oder Sturmschaden versichert, aber auch gegen ___3___ oder Einbruch. Es gibt auch noch die Vollkaskoversicherung, diese zahlt auch einen ___4___ am eigenen Auto bei einem Unfall, den man selbst ___5___ hat. Diese Versicherung ist aber sehr teuer.

4 Partizip II 2

a Formulieren Sie um.

1 Der Computer wurde repariert. – *der reparierte Computer*
2 Das Fahrrad wurde gestohlen. – ……
3 Der Fahrer wurde verletzt. – ……
4 Das Restaurant ist geschlossen. – ……
5 Die Tür wurde gestrichen. – ……

b Ergänzen Sie die Sätze.

1 Ein gestohlenes Auto ist ein Auto, *das gestohlen wurde* .
2 Ein verletzter Fußgänger ist ein Fußgänger, der …… .
3 Eine abgeschlossene Versicherung ist eine Versicherung, …… .
4 Ein beschädigtes Dach ist ein Dach, …… .
5 Eine geöffnete Tür ist eine Tür, …… .

6 Gestiegene Preise sind Preise, *die gestiegen sind* .
7 Geöffnete Fenster sind Fenster, …… .
8 Umgefallene Bäume sind Bäume, …… .

9 Eine geschlossene Tür ist eine Tür, *die geschlossen ist* .
10 Ein gebrauchtes Auto ist ein Auto, das …… .
11 Ein betrunkener Fahrer ist ein Fahrer, …… .

c Ersetzen Sie den bestimmten durch den unbestimmten Artikel. Achten Sie auf die Adjektivendungen.

1 der reparierte Computer – *ein reparierter Computer*
2 die geschlossene Tür – ……
3 das geöffnete Fenster – ……
4 die gestiegenen Kosten – ……
5 der verursachte Unfall – ……
6 die korrigierten Hausaufgaben – ……

d Ergänzen Sie die Endungen.

e | e | en | er

Ein betrunken …1… Autofahrer verursachte gestern einen Verkehrsunfall. Er fuhr gegen eine Mauer. Die Feuerwehr befreite den verletzt …2… Fahrer aus dem Auto und brachte ihn ins nächst …3… Krankenhaus. Das beschädigt …4… Fahrzeug wurde in die Werkstatt gebracht.

e | e | en | es

Der von der Polizei gesucht …5… Einbrecher, der am Samstag durch die geöffnet …6… Terrassentür in der Lohmannstraße 12 in ein neu renoviert …7… Einfamilienhaus eingebrochen ist, wurde heute von der Polizei festgenommen. Die gestohlen …8… Sachen wurden alle bei dem Mann gefunden.

5 Mit dem Auto oder mit dem Fahrrad? 3

Schreiben Sie Vergleiche.

schnell | langsam | bequem | viel Platz | wenig Platz | umweltfreundlich | preiswert | teuer | sicher | ...

Ich finde, im Auto fährt man bequemer als auf dem Fahrrad.

Meiner Meinung nach ist das Fahrrad ...

6 *Je ..., desto ...* 4

a Ergänzen Sie die Sätze.

1 Je größer ein Auto ist, desto ______.
2 Je älter ein Auto ist, umso ______.
3 Je bunter ein Auto ist, desto ______.
4 Je günstiger ein Auto ist, desto ______.
5 Je mehr PS ein Auto hat, umso ______.
6 Je sicherer ein Auto ist, umso ______.

b Schreiben Sie Sätze.

1 viel deutsches Radio hören/gut Deutsch verstehen
2 lange arbeiten/müde werden
3 früh abends ins Bett gehen/gut am Morgen aufstehen
4 viel Kaffee trinken/nervös werden
5 Wetter gut sein/glücklich sein
6 viel lernen/meine Berufschancen gut sein

1	*Je*	*mehr*	*deutsches Radio ich höre,*	*desto/umso*	*besser*	*verstehe ich Deutsch.*
2						
3						
4						
5						
6						

7 Autoteile 6

Finden Sie alle elf Autoteile waagerecht und senkrecht (→ ↓)? Notieren Sie auch die Artikel.

A	R	R	O	T	P	B	L	I	N	K	E	R	M	A	L	B
L	Ü	M	O	T	O	R	E	S	G	U	T	E	S	U	R	R
T	C	B	E	I	R	E	I	F	E	N	O	A	P	J	A	E
T	K	N	N	U	M	M	E	R	N	S	C	H	I	L	D	M
U	L	S	T	O	ß	S	T	A	N	G	E	A	E	L	B	S
W	I	N	D	S	C	H	U	T	Z	S	C	H	E	I	B	E
K	C	E	R	M	O	T	O	R	H	A	U	B	E	X	U	W
L	H	O	T	A	X	E	S	P	I	E	G	E	L	T	N	V
U	T	A	U	K	O	F	F	E	R	R	A	U	M	A	B	E

die Windschutzscheibe ....

....

....

....

8 Was war vorher? 7-8

Ergänzen Sie die Verben im Plusquamperfekt.

abfahren | anfangen | arbeiten | schneien | sparen | suchen | vergessen

1 Pavel kam heute Abend spät nach Hause, weil er lange gearbeitet hatte.
2 Um 19.45 Uhr war er an der Bushaltestelle. Zu spät! Der Bus .... schon ....
3 Pavel kam um 20 Uhr zum Kino. Zu spät! Der Film .... schon ....
4 Am Samstag wollte ich mit Freunden kochen. Ich .... aber .... einzukaufen!
5 Letztes Jahr haben wir uns ein neues Auto gekauft. Wir .... lange dafür ....
6 Mohammed hat endlich eine neue Wohnung gefunden. Er .... sehr lange ....
7 Heute Morgen gab es viele Unfälle. In der Nacht .... es stark ....

9 Perfekt oder Plusquamperfekt? 7-8

Was passt? Ergänzen Sie: *bin* | *habe* | *war* | *hatte*

Gestern wollte ich mit meiner Freundin ins Kino gehen. Ich war aber zu spät. Ich ....1.... nämlich vergessen auf die Uhr zu sehen. Als ich zum Kino gekommen ....2...., ...3.... der Film schon angefangen. Als ich dann meine Freundin anrufen wollte, ...4.... ich bemerkt, dass ich mein Handy zu Hause vergessen ....5..... Ich ....6.... dann wieder nach Hause gegangen und ....7.... gesehen, dass jemand auf der Mailbox meines Handys eine Nachricht hinterlassen ....8..... Es war meine Freundin, sie ....9.... gesagt, dass sie schon in den Film gegangen ....10...., weil sie nicht länger warten wollte.

10 Komposita 7–8

a Bilden Sie Komposita und notieren Sie die Artikel.

~~Dieb-~~ | Gebraucht- | Haftpflicht- | Koffer- | Nummern- | Park- | Park- | Personen- | Sach- | Schein- | Straßen- | Teil- | Rück- | Versicherungs-

-kasko | -licht | -lücke | -platz | -raum | -schaden | -schaden | -schutz | -schild | ~~-stahl~~ | -verkehr | -versicherung | -wagen | -werfer

der Diebstahl ....

b Ergänzen Sie die Sätze mit Wörtern aus Aufgabe 10a.

1 Bei dem Verkehrsunfall entstand nur ...., kein Personenschaden.
2 Vorne waren der .... links, hinten das rechte .... kaputt.
3 Diese Versicherung bietet guten ....
4 Das Autokennzeichen steht auf dem ....
5 Die .... zahlt Schäden, die einer dritten Person entstanden sind.
6 Wir kaufen einen ...., keinen Neuwagen.
7 Tu das Gepäck in den ....
8 Mein Auto wurde gestohlen. Ich habe den .... bei der Polizei gemeldet.
9 Die .... zahlt auch Schäden am eigenen Auto.
10 Gibt es hier einen ....? Ja, da ist eine .... Da kannst du das Auto hinstellen.

11 Ein Notruf 9

41 Ergänzen Sie. Hören Sie den Dialog dann zur Kontrolle.

bleiben | melden | schicken | verletzt | passiert | zusammengestoßen

▶ Guten Morgen, mein Name ist Tomek Sikora. Ich möchte einen Unfall ....
▷ Wann und wo ist der Unfall ....?
▶ Vor einer Viertelstunde. Hier in Frankfurt, auf der Schweizer Straße, Ecke Textorstraße. Ein Autofahrer ist mit einem Fahrrad ....
▷ Gibt es Verletzte?
▶ Ja, der Radfahrer liegt auf dem Boden. Ich weiß nicht, wie schwer er .... ist.
▷ Wir kommen sofort. Bitte .... Sie am Unfallort. Wir .... auch den Krankenwagen.

12 Zwei Gespräche 9

Sie hören zwei Gespräche. Dazu gibt es zwei Aufgaben. Entscheiden Sie bei jeder Aufgabe, ob die Aussage dazu richtig oder falsch ist und welche Antwort, a, b oder c, am besten passt. 42

1 Frau Tomuschat arbeitet bei einer Versicherung. ✓ ☐ ✗ ☐

2 Frau Tomuschat
- a ☐ möchte Ihre Versicherungen wechseln.
- b ☐ sucht eine Beratung, welche Versicherungen für sie wichtig sind.
- c ☐ hat schon oft private Schäden verursacht.

3 Herr Roth ist nicht verletzt. ✓ ☐ ✗ ☐

4 Herr Roth
- a ☐ soll auf die Polizei warten.
- b ☐ soll bei der Polizei vorbeikommen.
- c ☐ soll zum LKW gehen.

13 Schadensmeldungen 9

Beispiel: 0 a ☐ Liebe
b ☒ Sehr
c ☐ Viel

a Welche Lösung (a, b oder c) passt? Kreuzen Sie an.

An	versicherung@schadensmeldung.de
Von	karim.moussa@deu.de
Betreff	Schadensmeldung

......0...... geehrte Damen und Herren,

hiermit möchte ich mitteilen, ...1...... ich am 2. Dezember 20XX um 14.30 Uhr am Fahrzeug von Frau Margarete Summerer im Parkhaus Am Dom einen ......2...... verursacht habe. Ihre Adresse ist: Grüne Straße 12, 60316 Frankfurt.

Folgendes ist passiert: ......3...... ich sehr vorsichtig fuhr, stieß ich beim Einparken versehentlich an ihren linken Seitenspiegel, der ......4...... den Boden fiel und zerbrochen ist. Eine genaue Auflistung des Schadens plus Unfallskizze und Fotos finden Sie in der ......5...... .
......6...... Sie sich bitte so schnell wie möglich mit Frau Summerer in Verbindung setzen? Vielen Dank im Voraus.

Mit freundlichen Grüßen
Karim Moussa

1	2	3	4	5	6
a ☐ dass	a ☐ Schaden	a ☐ Nachdem	a ☐ an	a ☐ Ablage	a ☐ Könnten
b ☐ weil	b ☐ Verletzung	b ☐ Obwohl	b ☐ auf	b ☐ Anlage	b ☐ Müssten
c ☐ wenn	c ☐ Versicherung	c ☐ Trotzdem	c ☐ bei	c ☐ Beilage	c ☐ Sollten

b Sie haben bei Bekannten versehentlich etwas beschädigt. Schreiben Sie Ihrer Haftpflichtversicherung eine Schadensmeldung. Der Brief in Aufgabe 13a kann helfen.

Schreiben Sie über die Punkte rechts im gelben Kasten. Vergessen Sie nicht die Anrede und den Gruß.

- Grund für Ihr Schreiben
- Was ist beschädigt?
- Wie ist es passiert?
- Was Sie möchten

Lernwortschatz

Schreiben Sie Beispielsätze.

Versicherungen

der Diebstahl, die Diebstähle
der Einbrecher
der Einbruch
die Kosten (Pl.)
der Personenschaden
der Sachschaden
der Schaden
die Versicherung — *Diese Versicherung ist günstig.*
abdecken
abschließen
aufkommen für
beschädigen
kündigen
melden
regulieren
stehlen
tragen
übernehmen
verursachen
die Haftpflichtversicherung
die Kfz-Haftpflichtversicherung
die Teilkaskoversicherung
die Vollkaskoversicherung

Wie heißen diese Autoteile in Ihrer Sprache? Übersetzen Sie.

Rund ums Auto

der Autounfall
der Blechschaden
der Blinker
die Bremse
der Gebrauchtwagen
die Heckscheibe
der Kofferraum
die Motorhaube
der Neuwagen
das Nummernschild
PS
das Rad
der Reifen
das Rücklicht
der Scheinwerfer
der Spiegel
die Stoßstange
die Tür
die Windschutzscheibe

Tests

- Mit den Zwischentests zu den Lektionen 7–9 und 10–12 können Sie kontrollieren, wie viel Sie dazugelernt haben. Außerdem bereiten die Zwischentests Sie schrittweise auf den Übungstest *Zertifikat Deutsch / telc Deutsch B1*.

- Mit dem Übungstest *Zertifikat Deutsch / telc Deutsch B1* können Sie ausprobieren, ob Sie das Niveau B1 schon erreicht haben.

- Einen weiteren kompletten Übungstest finden Sie auf unserer Webseite.

- Bitte markieren Sie die richtige Antwort auf dem Antwortbogen so:

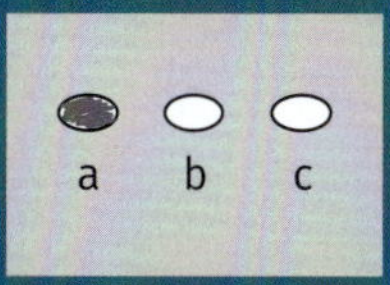

Hörverstehen, Teil 2

43 Sie hören nun ein Gespräch. Dazu sollen Sie zehn Aufgaben lösen. Sie hören das Gespräch zweimal. Entscheiden Sie beim Hören, ob die Aussagen richtig oder falsch sind. Markieren Sie PLUS (+) gleich richtig und MINUS (–) gleich falsch. Lesen Sie jetzt die Aufgaben. Sie haben dazu eine Minute Zeit.

		+	–
1	Frau Richter hat viel Berufserfahrung.	⬭	⬭
2	Die meisten Schreiben werden heute digital verschickt.	⬭	⬭
3	Für eine gute Zusammenarbeit müssen die Kolleg*innen alle an einem Ort sein.	⬭	⬭
4	Die Digitalisierung ist gut für die Umwelt.	⬭	⬭
5	Im Homeoffice zu arbeiten gefällt vielen Arbeitnehmenden.	⬭	⬭
6	Die Unternehmen brauchen keine Büros mehr.	⬭	⬭
7	Der Arbeitstag ist heutzutage kürzer als früher.	⬭	⬭
8	Berufstätige Menschen können heutzutage Arbeit und Familie besser vereinbaren.	⬭	⬭
9	Für Frauen ist es heute schwerer als für Männer, eine Arbeit zu finden.	⬭	⬭
10	Manche Eltern können ihre Kinder in betriebseigenen Kitas betreuen lassen.	⬭	⬭

Sprachbausteine, Teil 2

Lesen Sie den Text und schließen Sie die Lücken 11–20. Benutzen Sie die Wörter a–o. Jedes Wort passt nur einmal.

Sehr geehrte Frau Kumar,

herzlich willkommen in unserem Team! Ich bin sicher, ……11…… Sie eine große Unterstützung für unser Unternehmen sein werden. Ich freue ……12…… auf die Zusammenarbeit.

Damit Sie sich optimal auf Ihren Arbeitsstart vorbereiten können, lesen Sie bitte die Willkommensmappe, die wir Ihnen ……13…… haben, gut durch. Hier finden Sie ……14…… Informationen zu den Regelungen und Abläufen in der Firma.

……15…… haben Ihre Kolleginnen und Kollegen aus der Marketingabteilung, in der Sie arbeiten werden, einen genauen Einarbeitungsplan für Sie gemacht. Darin sind die laufenden Projekte und Ihre ……16…… beschrieben. Diesen Plan ……17…… Sie an Ihrem ersten Arbeitstag. An diesem Tag findet auch ein kurzes Meeting mit allen Mitarbeitenden aus der Abteilung statt, damit Sie ……18…… alle persönlich kennenlernen können.

Das ganze Team wird Sie gerne ……19……. Bitte sprechen Sie uns ……20…… an, wenn Sie Fragen haben oder Hilfe brauchen.

Mit freundlichen Grüßen

Martin Vogt

a	AUFGABEN	**f**	QUALIFIKATIONEN	**k**	MICH
b	AUßERDEM	**g**	GESCHICKT	**l**	UNS
c	BEKOMMEN	**h**	IMMER	**m**	UNTERSTÜTZEN
d	DAMIT	**i**	UND	**n**	RICHTIGE
e	DASS	**j**	MANCHMAL	**o**	WICHTIGE

	a	b	c	d	e	f	g	h	i	j	k	l	m	n	o	
11	○	○	○	○	○	○	○	○	○	○	○	○	○	○	○	**11**
12	○	○	○	○	○	○	○	○	○	○	○	○	○	○	○	**12**
13	○	○	○	○	○	○	○	○	○	○	○	○	○	○	○	**13**
14	○	○	○	○	○	○	○	○	○	○	○	○	○	○	○	**14**
15	○	○	○	○	○	○	○	○	○	○	○	○	○	○	○	**15**
16	○	○	○	○	○	○	○	○	○	○	○	○	○	○	○	**16**
17	○	○	○	○	○	○	○	○	○	○	○	○	○	○	○	**17**
18	○	○	○	○	○	○	○	○	○	○	○	○	○	○	○	**18**
19	○	○	○	○	○	○	○	○	○	○	○	○	○	○	○	**19**
20	○	○	○	○	○	○	○	○	○	○	○	○	○	○	○	**20**

Mündlicher Ausdruck, Teil 2

Teilnehmer/in A

Über ein Thema sprechen

Sie haben in einer Zeitschrift etwas zum Thema „Freundschaften am Arbeitsplatz" gelesen. Berichten Sie Ihrer Gesprächspartnerin/Ihrem Gesprächspartner darüber. Ihre Gesprächspartnerin/Ihr Gesprächspartner hat eine andere Meinung dazu gelesen und berichtet Ihnen auch darüber. Unterhalten Sie sich dann mit Ihrer Gesprächspartnerin/Ihrem Gesprächspartner über das Thema. Sagen Sie Ihre Meinung und erzählen Sie von eigenen Erfahrungen.

Freundschaften am Arbeitsplatz

Marina, Bürokauffrau, 33 Jahre

„Ich finde es gut, wenn man mit seinen Kolleginnen und Kollegen befreundet ist. Einige von meinen Freundinnen und Freunden habe ich im Büro gefunden. Auch deshalb gehe ich gern zur Arbeit. Wir helfen uns oft und haben nur selten Konflikte. Wenn die Arbeitsatmosphäre gut ist, nützt das auch unserer Firma. Ich bin sicher, dass wir so viel produktiver arbeiten."

Mündlicher Ausdruck, Teil 2

Teilnehmer/in B

Über ein Thema sprechen

Sie haben in einer Zeitschrift etwas zum Thema „Freundschaften am Arbeitsplatz" gelesen. Berichten Sie Ihrer Gesprächspartnerin/Ihrem Gesprächspartner darüber. Ihre Gesprächspartnerin/Ihr Gesprächspartner hat eine andere Meinung dazu gelesen und berichtet Ihnen auch darüber. Unterhalten Sie sich dann mit Ihrer Gesprächspartnerin/Ihrem Gesprächspartner über das Thema. Sagen Sie Ihre Meinung und erzählen Sie von eigenen Erfahrungen.

Freundschaften am Arbeitsplatz

Carsten, Elektriker, 44 Jahre

„Ob ich mit meinen Kollegen befreundet sein möchte? Nein, lieber nicht. Ich gehe nicht zur Arbeit, um Freunde zu finden. Ich möchte dort meinen Job machen, mein Geld verdienen und wieder nach Hause gehen. Ich habe nichts gegen meine Kollegen. Aber ich möchte Privates von der Arbeit trennen und ich glaube, Freundschaften am Arbeitsplatz machen das Leben komplizierter."

Hörverstehen, Teil 3

44 Sie hören nun fünf kurze Texte. Dazu sollen Sie fünf Aufgaben lösen. Sie hören jeden Text zweimal. Entscheiden Sie beim Hören, ob die Aussagen richtig oder falsch sind. Markieren Sie PLUS (+) gleich richtig und MINUS (–) gleich falsch.

		+	–
1	Herr Krüger bittet um einen Rückruf.	○	○
2	Die Heizung im Hotel ist defekt.	○	○
3	In den nächsten Tagen wird es in ganz Deutschland wärmer.	○	○
4	Das Stadtfest findet regelmäßig statt.	○	○
5	Termine bei Dr. Kleinschmitt kann man wieder ab dem 20. April vereinbaren.	○	○

Schriftlicher Ausdruck

Sie haben von einer Freundin folgende E-Mail erhalten:

Liebe(r) ....,

wir haben eine Weile nichts mehr voneinander gehört und ich hoffe, es geht dir gut. Bei mir ist alles ok.

Ich möchte dir von meinem neuen Hobby erzählen: Vor einigen Wochen habe ich einen internationalen Kochkurs begonnen und ich bin total begeistert. Mittlerweile kann ich viele tolle Gerichte selbst zubereiten. Gestern beim Kurs haben wir ein traditionelles Essen aus deiner Heimat kennengelernt. Jetzt möchte ich dich gerne einladen, damit wir dieses Gericht gemeinsam kochen. Ich kaufe alle Zutaten und Getränke ein.

Hast du Lust? Schreib mir doch, wann du Zeit hast.

Ich freue mich schon.

Liebe Grüße

Stefanie

Antworten Sie auf die E-Mail. Schreiben Sie etwas zu allen vier Punkten:

- was Sie gern essen und was Sie nicht mögen
- über welche Themen Sie sich gerne bei dem Treffen unterhalten wollen
- wann Sie Zeit für diese Einladung haben
- was Sie mitbringen werden

Überlegen Sie sich vor dem Schreiben eine passende Reihenfolge der Punkte, einen passenden Betreff, eine passende Anrede, Einleitung und einen passenden Schluss.

Mündlicher Ausdruck, Teil 3

Teilnehmer/in A und B

Gemeinsam etwas planen

Sie haben kürzlich mit Ihren Freundinnen und Freunden über das Thema „gesundes Essen" diskutiert und manche finden, dass es nicht lecker schmeckt. Deshalb möchten Sie sich treffen, um etwas Gesundes zu kochen. Sie haben die Aufgabe, zusammen mit Ihrer Gesprächspartnerin/ Ihrem Gesprächspartner diesen Kochabend zu planen. Überlegen Sie sich, was alles zu tun ist und wer welche Aufgabe übernimmt. Sie haben sich schon diese Liste gemacht.

Wann?

Wo?

Wen einladen?

Was kochen?

Getränke?

Wo einkaufen?

...

Entscheiden Sie zuerst, was Sie machen möchten und warum.

Tragen Sie Ihrem Partner Ihre Ideen vor und begründen Sie sie.

Reagieren Sie auf die Ideen Ihres Partners bzw. Ihrer Partnerin und die Begründungen.

Einigen Sie sich auf einen gemeinsamen Programmvorschlag.

Leseverstehen, Teil 1

Lesen Sie die Überschriften a–j und die Texte 1–5. Finden Sie für jeden Text die passende Überschrift. Sie können jede Überschrift nur einmal benutzen. Markieren Sie Ihre Lösungen für die Aufgaben 1–5 auf dem Antwortbogen.

a **Große Qualitätsunterschiede bei Fitnesscentern**

b Neu in Mode: sportliche Schuhe

c *Mehr Bewegung im Alltag – auch ohne Sportkurse*

d ***Moderne Technologie beim Kleidungskauf im Internet***

e **Bunte Mode für den Herbst und Winter**

f *Weniger Interesse an Fitnessangeboten*

g **Moderne Kleidungsstoffe durch neue Technik**

h ***So geht's! Kleidung richtig pflegen***

i Warum man jeden Tag 10.000 Schritte gehen sollte

j **Winterkleidung waschen: Darauf müssen Sie achten**

1

Damit der kuschelige Winterpullover oder das neue Sommerkleid lange schön bleiben, sollten Sie einige einfache Tipps beachten: Lesen Sie die Waschhinweise immer ganz genau. Nicht alle Sachen müssen (oder dürfen!) bei 60 Grad gewaschen werden. Lassen Sie Ihre Kleidung nach dem Waschen an der frischen Luft trocknen und achten Sie auf die richtige Lagerung: Ein trockener, gut belüfteter Ort ist perfekt.

2

Viele Menschen möchten sich mehr bewegen. Deshalb sind Fitnessstudios in den letzten Jahren immer beliebter geworden. Bevor man sich für ein Studio entscheidet, sollte man aber sehr genau hinschauen, denn es sind nicht alle gleich gut. Während einige mit hochwertigen Geräten, gut ausgebildeten Trainern und moderner Technologie überzeugen, sind andere schlecht ausgestattet oder unsauber und oft viel zu teuer.

3

Die kalten Monate stehen vor der Tür und mit ihnen kommen Pullover, Mäntel und Mützen in kräftigen Farben. In diesem Jahr sehen wir neben vielen Rottönen auch warmes Gelb und leuchtendes Blau. Die Kleidung, die aktuell auf den Modeschauen gezeigt wird, reicht von sportlich bis elegant. An den Füßen bleibt es bequem: Klassische Sneaker und flache Stiefel sind weiterhin im Trend!

4

Fehlt Ihnen auch die Zeit, regelmäßig ins Fitnessstudio zu gehen? Trotzdem können Sie etwas für Ihre Gesundheit tun, indem Sie jeden Tag einige Kilometer zu Fuß gehen. Kleine Tricks helfen dabei: Nehmen Sie zum Beispiel die Treppe und nicht den Aufzug. Wenn Sie mit öffentlichen Verkehrsmitteln unterwegs sind, steigen Sie einfach eine Station früher aus und laufen den Rest. Jeder Schritt zählt!

5

Wer Kleidung online bestellt, ist oft unsicher und fragt sich: Passt das Kleidungsstück auch richtig? Steht es mir überhaupt? Diese Zweifel gehören bald der Vergangenheit an. Immer mehr Modehändler bieten ihren Kundinnen und Kunden die Möglichkeit, Kleidung online anzuprobieren, wenn sie ein eigenes Foto hochladen. So erhalten sie einen ersten Eindruck, wie das Kleidungsstück an ihnen aussieht.

Leseverstehen, Teil 2

Lesen Sie den Text und die Aufgaben 6–10. Welche Lösung (a, b oder c) ist jeweils richtig? Markieren Sie Ihre Lösungen für die Aufgaben 6–10 auf dem Antwortbogen.

Zu schade zum Wegwerfen

Es ist Samstag. Der Supermarkt von Lisa Buchholz schließt in wenigen Stunden. In der Obstabteilung gibt es noch viele reife Bananen. Die sind am Montag wahrscheinlich nicht mehr schön. Einige Packungen mit Wurst und Käse sind nur bis morgen haltbar. Was tun? Alles in den Müll?

Zum Glück nicht, denn Lisa arbeitet mit den Essensrettern zusammen. Sie holen Lebensmittel, die der Supermarkt nicht mehr verkaufen kann, regelmäßig ab. Bezahlen müssen sie dafür nichts. Zur Erklärung sagt Lisa: „Ich müsste die Sachen sonst wegwerfen. In Deutschland landen jedes Jahr insgesamt über zehn Millionen Tonnen Lebensmittel im Müll. Allein in Supermärkten werden etwa 300.000 Tonnen entsorgt. Eine Tonne sind 1.000 Kilogramm, das sind also riesige Mengen – und etwa 50 Prozent davon kann man noch essen. Ich finde, dagegen muss man etwas tun."

Jannis Wittmer sieht das genauso. Er ist einer der Essensretter, die regelmäßig bei Lisa vorbeikommen. Auch heute. In seinem Auto liegen bereits mehrere Brote, die er bei einem Bio-Bäcker abgeholt hat. Von Lisa bekommt er noch eine Kiste mit Erdbeeren und Bananen, außerdem Wurst, Käse und zwölf Becher Joghurt. Einige Sachen packt Jannis direkt in seinen Rucksack. „Die sind für mich und meine beiden WG-Mitbewohner," sagt er. „Den Rest verteile ich weiter." Eine Kirche in seinem Stadtteil hat dafür einen Raum mit einem öffentlichen Kühlschrank eingerichtet. Dort bringt Jannis alles hin. Wer möchte, kann sich kostenlos etwas mitnehmen. Während Jannis die Sachen einräumt, kommen schon die ersten Leute: Ein älterer Mann nimmt Brot und Joghurt mit. „Ich bekomme wenig Rente und freue mich über die kostenlosen Lebensmittel," sagt er. Eine junge Frau sucht sich Bananen aus: „Die haben zwar braune Stellen, sind zum Backen aber prima." Die Frau hat ein gutes Gehalt und kommt trotzdem regelmäßig her, weil sie es nicht richtig findet, dass so viele Lebensmittel entsorgt werden.

Am Tagesende ist fast alles weg. Jannis ist zu Hause und macht mit seinen Mitbewohnern das Abendessen. Es gibt Nudeln mit Tomatensoße und Salat, zum Nachtisch den Joghurt aus Lisas Supermarkt. Außer einer Paprika sind alle Zutaten „gerettete" Lebensmittel – die Kosten für das ganze Abendessen: 1,10 €.

6 Lisa Buchholz

a bezahlt die Essensretter für das Abholen der Lebensmittel.

b verschenkt frische Lebensmittel aus ihrem Supermarkt.

c wirft keine Lebensmittel weg, die man noch essen kann.

7 Von den Lebensmitteln, die in Deutschland jedes Jahr weggeworfen werden,

a ist etwa ein Drittel noch gut.

b ist ungefähr die Hälfte noch gut.

c sind 1.000 Kilogramm noch gut.

8 Jannis Wittmer

a behält manchmal auch Lebensmittel für sich.

b erhält diesmal kein Obst von Lisa.

c kann heute viel Brot von Lisa mitnehmen.

9 Die junge Frau

a ärgert sich, weil die Bananen nicht mehr schön aussehen.

b holt sich Essen, damit es nicht weggeworfen wird.

c kommt regelmäßig, weil sie wenig Geld hat.

10 Für das Abendessen haben Jannis und seine Mitbewohner

a die Nudeln in Lisas Supermarkt gekauft.

b nur verschenkte Lebensmittel verwendet.

c weniger als zwei Euro bezahlt.

Leseverstehen, Teil 3

Lesen Sie die Situationen 11–20 und die Anzeigen a–l. Finden Sie für jede Situation die passende Anzeige. Sie können jede Anzeige nur einmal benutzen. Markieren Sie Ihre Lösungen für die Aufgaben 11–20 auf dem Antwortbogen. Wenn Sie zu einer Situation keine Anzeige finden, markieren Sie ein x.

11 Sie heiraten bald und suchen jemanden, der während Ihrer Feier professionelle Fotos macht.

12 Ein Freund von Ihnen kocht gern. Er möchte lernen, griechische Gerichte selbst zuzubereiten.

13 Sie möchten dieses Wochenende mit Ihrem 9-jährigen Neffen schwimmen gehen.

14 Ihre Tante wird 60 und möchte ihren Geburtstag draußen bei einem guten Essen mit acht Personen feiern.

15 Ihr Cousin würde gern eine günstige Kamera kaufen. Sie muss nicht neu sein.

16 Sie suchen eine Veranstaltung, bei der Sie kostenlos Musik hören können.

17 Für ein Familienfest mit 120 Gästen suchen Sie einen großen Raum, in dem man auch tanzen kann.

18 Eine Bekannte fotografiert gern und möchte lernen, noch bessere Bilder zu machen.

19 Ihre Cousine möchte sich für die Hochzeit ihrer besten Freundin ein neues Kleid kaufen.

20 Ihr Nachbar sucht einen Tisch und Stühle für seine Terrasse. Er möchte die Sachen gebraucht kaufen.

a

Wie im Urlaub
Leckere griechische Speisen in
NIKAS TAVERNE
Faire Preise, freundlicher Service, beste Zutaten. Und auf unserer neuen Terrasse schmecken alle Gerichte gleich doppelt so gut!

Ihr sucht einen Ort für eine Feier? Wir haben Platz für 60 Personen. >>mehr

b

Hallenbad – Neueröffnung
An diesem Wochenende sollte eigentlich das Stadtbad wieder eröffnet werden. Leider dauern die Renovierungsarbeiten länger als geplant, deshalb verschiebt sich die Neueröffnung um zwei Wochen. Mehr Infos zum Fortschritt der Bauarbeiten unter www.stadtbad.de.

c

Lerne deine Kamera neu kennen, hol dir Tipps von Profi-Fotografen und mach tolle Fotos! Anfänger/innen und Fortgeschrittene, kleine Gruppe (maximal zehn Personen), Samstag, 10. Juni und Sonntag, 11. Juni, 11-17 Uhr.

Bitte Kamera mitbringen! >>mehr

Workshop am Wochenende

d

BIEGARTEN AM STADTPARK
Finkenstraße 4

Wir schließen Ende des Monats und verkaufen vom 20.-25. Juni
alle Gartenmöbel, Sonnenschirme, Solarlampen und Topfpflanzen aus unserem Biergarten zu super günstigen Preisen.

Aber seid schnell: Was weg ist, ist weg!

e

Euer schönster Tag in Bildern

Ich begleite Paare vom Ja-Wort bis zur Party und halte die schönsten Momente der Hochzeit mit der Kamera fest. Einfach kostenloses Beratungsgespräch vereinbaren und mehr erfahren.

Dawit Marow | Fotograf & Videograf | Tel. 0191 3650906 | info@foto-marow.de

f

Maschinenhhalle Süd
Früher Teil einer Fabrik, heute ein Ort für private Feiern: In der Maschinenhalle haben wir Platz für bis zu 200 Personen. Es gibt eine Musikanlage, eine Bühne und viel Platz zum Feiern und Tanzen. Preise und Verfügbarkeit:

www.event-hallen.de

h

Große Auswahl!
Biete gebrauchte Fototechnik zu niedrigen Preisen. Geprüfte Qualität, persönliche Beratung, Reparaturservice. Wählen Sie zwischen Kameras, Objektiven und Zubehör von verschiedenen Herstellern.
Fotoladen Sander | Industriestraße 78 | Öffnungszeiten: Montag bis Freitag 9:00 bis 18:00 Uhr

i

Eröffnung
Freuen Sie sich auf zwei neue Geschäfte im Einkaufszentrum:

Grasgrün: Kleidung für Hobbygärtner und hübsche Deko für Garten, Balkon oder Terrasse (keine Möbel!)

Glam: Festliche Mode für jeden Anlass – Familienfeier oder roter Teppich

g

Schloss Feldstein
Hochzeit, Firmenfest oder runder Geburtstag – bei uns im Schloss wird Ihre Feier zu einem ganz besonderen Erlebnis. Unser größter Raum, der Goldene Saal, bietet Platz für 80 Gäste und einen wunderbaren Blick über den Schlosspark.

k

Lecker!
120 Rezepte mit Fisch, Fleisch und ganz viel Gemüse. Holen Sie sich ein Stück Griechenland in die eigene Küche! Schön gestaltetes Buch mit vielen farbigen Fotos und Informationen über griechische Spezialitäten.
Jetzt im Buchhandel für 14,99 €.

j

Wasser macht Spaß!
Sie möchten, dass Ihre Kinder spielerisch schwimmen lernen?

Im Juli beginnen neue Anfängerkurse: immer montags oder donnerstags, 15:30-16:15 Uhr, Schwimmbad der Paul-Klee-Grundschule, 63 Euro, für Kinder von fünf bis zehn Jahren.

Weitere Informationen und Anmeldung: www.wasserfloh-schwimmschule.de

l

Sonntag im Stadtpark
Es wird international: Traditionelle Lieder und Tänze aus Rumänien, Griechenland und Israel.
Gehen Sie mit uns auf eine musikalische Reise und lassen Sie sich überraschen. **16:00 bis 19:00 Uhr.**

Alle sind willkommen, kein Eintritt!

Sprachbausteine, Teil 1

Lesen Sie den Text und schließen Sie die Lücken 21–30. Welche Lösung (a, b oder c) ist jeweils richtig? Markieren Sie Ihre Lösungen für die Aufgaben 21–30 auf dem Antwortbogen.

Lieber Finn,

herzlichen Glückwunsch zur bestandenen Prüfung! Ich freue ……21…… sehr, dass du deine Ausbildung so erfolgreich abgeschlossen hast.

Ich bin sicher, du ……22…… einen tollen Job als Krankenpfleger machen. Du hast dich schon als kleiner Junge immer ……23…… andere gekümmert und hattest nie einen anderen Berufswunsch. ……24…… deine Schulfreunde von einer Karriere als Popstar, Fußballspieler oder Astronaut geträumt haben, war für dich immer klar: Ich will Krankenpfleger ……25……!

……26…… Ziel hast du nun erreicht und jetzt beginnt ein neuer Abschnitt in deinem Leben. Weißt du schon, ob du ……27…… Elisabeth-Krankenhaus bleibst? Falls du dich woanders bewerben möchtest, ……28…… unbedingt mal auf die Webseite der Uni-Klinik. Dort werden Pflegekräfte für die Kinderstation ……29……. Ich glaube, das wäre perfekt für dich.

Vielleicht hast du aber auch ganz andere Pläne. Du kannst ja am Samstag mal etwas mehr erzählen, ……30…… wir uns auf Samuels Geburtstagsfeier sehen.

Bis dahin alles Liebe

Tante Klara

21 **a** dich **b** mich **c** sich

22 **a** warst **b** wärst **c** wirst

23 **a** für **b** mit **c** um

24 **a** Indem **b** Während **c** Weil

25 **a** gewesen **b** worden **c** wären

26 **a** Dieser **b** Diese **c** Dieses

27 **a** im **b** in **c** ins

28 **a** schau **b** schaust **c** schaut

29 **a** gesucht **b** suchen **c** zu suchen

30 **a** als **b** wann **c** wenn

Sprachbausteine, Teil 2

Lesen Sie den Text und schließen Sie die Lücken 31–40. Benutzen Sie die Wörter a–o. Jedes Wort passt nur einmal. Markieren Sie Ihre Lösungen für die Aufgaben 31–40 auf dem Antwortbogen.

Sehr geehrter Herr Mahler,

ich melde mich noch einmal wegen der kaputten Balkontür in meiner Wohnung: Sie schließt nicht richtig und ...... 31 ...... dringend repariert werden. Bei unserem Telefongespräch ...... 32 ...... zehn Tagen hatten Sie mir versprochen, einen Handwerker vorbeizuschicken. Leider ist bis jetzt ...... 33 ...... da gewesen.

Ich verstehe, ... 34 ...... Sie im Moment sehr viel zu tun haben. Durch den starken Sturm ...... 35 ...... Dienstag sind einige Schäden am Haus entstanden, die schnell repariert werden müssen. Trotzdem möchte ich ...... 36 ...... hinweisen, dass die kaputte Tür ein Sicherheitsrisiko ist. Man kann sie von außen leicht aufdrücken. Außerdem kommt ständig kalte Luft ...... 37 .... Ich muss deshalb mehr heizen, und das kostet Energie und ...... 38 ...... Geld.

Würden Sie mir bitte sagen, ... 39 ...... die Reparatur durchgeführt werden kann? Da ich von zu Hause aus arbeite, bin ich flexibel und kann fast jeden Termin möglich machen.

Vielen Dank ...... 40 ...... Ihre Unterstützung.

Mit freundlichen Grüßen

Karina Schäfer

a	AM	**f**	JEMAND	**k**	NIEMAND
b	DARAUF	**g**	KANN	**l**	VIEL
c	DASS	**h**	MANCHMAL	**m**	VOR
d	FÜR	**i**	MUSS	**n**	WANN
e	HEREIN	**j**	NÄCHSTEN	**o**	WEIL

Hörverstehen, Teil 1

Sie hören nun fünf kurze Texte. Dazu sollen Sie fünf Aufgaben lösen. Sie hören diese Texte nur einmal. Entscheiden Sie beim Hören, ob die Aussagen 41–45 richtig oder falsch sind. Markieren Sie Ihre Lösungen auf dem Antwortbogen bei den Aufgaben 41–45. Markieren Sie PLUS (+) gleich richtig und MINUS (–) gleich falsch auf dem Antwortbogen. Lesen Sie jetzt die Aufgaben 41–45. Sie haben dazu 30 Sekunden Zeit. 45

41 Der Sprecher denkt, Kinder sollten früh ein Handy bedienen können.

42 Die Sprecherin möchte, dass ihr Sohn sein Handy nur in Notsituationen benutzt.

43 Der Sprecher hat seiner Tochter zum Schulanfang ein Handy geschenkt.

44 Die Sprecherin glaubt, dass ein Handy den Kindern beim Lernen helfen kann.

45 Der Sprecher sagt, dass Handys Kinder krank machen können.

Hörverstehen, Teil 2

Sie hören nun ein Gespräch. Dazu sollen Sie zehn Aufgaben lösen. Sie hören das Gespräch zweimal. Entscheiden Sie beim Hören, ob die Aussagen 46–55 richtig oder falsch sind. Markieren Sie Ihre Lösungen auf dem Antwortbogen bei den Aufgaben 46–55. Markieren Sie PLUS (+) gleich richtig und MINUS (–) gleich falsch auf dem Antwortbogen. Lesen Sie jetzt die Aufgaben 46–55. Sie haben dazu eine Minute Zeit.

46 Verena hat ihre Fahrprüfung schon mit 17 gemacht.

47 Sie hat sich öfter das Auto ihres Vaters ausgeliehen.

48 Ihr erstes Auto hat Verena zu Weihnachten geschenkt bekommen.

49 Einige von Verenas Fahrschülerinnen und Fahrschüler finden öffentliche Verkehrsmittel besser als Autos.

50 Ein Fahrschüler hat geweint, weil er die Fahrprüfung endlich bestanden hat.

51 Etwa ein Drittel der Fahrschüler*innen in Deutschland besteht die Prüfung beim ersten Versuch.

52 Der Moderator hat in der Fahrprüfung einen Fehler an einer Straßenkreuzung gemacht.

53 Als der Moderator die Fahrprüfung zum zweiten Mal gemacht hat, war er aufgeregter als beim ersten Mal.

54 Verena meint, man sollte am Tag der Prüfung noch Fahrunterricht nehmen.

55 In Verenas Fahrschule brauchen die meisten Fahrschüler*innen mehr als 30 Fahrstunden.

Hörverstehen, Teil 3

Sie hören nun fünf kurze Texte. Dazu sollen Sie fünf Aufgaben lösen. Sie hören jeden Text zweimal. Entscheiden Sie beim Hören, ob die Aussagen 56–60 richtig oder falsch sind. Markieren Sie Ihre Lösungen für die Aufgaben 56–60 auf dem Antwortbogen. Markieren Sie PLUS (+) gleich richtig und MINUS (–) gleich falsch.

56 Wer nach Hamburg möchte, muss sich einen Platz in den Wagen 1 bis 4 suchen.

57 Es ist verboten, im Stadtgarten zu grillen.

58 Der Flohmarkt findet wegen des Regens an einem anderen Tag statt.

59 Reisende nach Abu Dhabi sollen zum Ausgang B-04 kommen.

60 Während der Bauarbeiten kann man zu Fuß über die Brücke gehen.

Schriftlicher Ausdruck

Leo, ein Bekannter von Ihnen, hat in Ihrer Stadt Arbeit gefunden. Er hat Ihnen geschrieben und möchte vieles wissen:

Hallo ....,

es gibt spannende Neuigkeiten: Wie du weißt, suche ich schon seit längerer Zeit eine Arbeit. Nun habe ich ein Jobangebot bekommen – von einer Firma in deiner Stadt! Wenn ich das Angebot annehme, muss ich umziehen. Ich kenne die Stadt aber noch gar nicht. Deshalb möchte ich dich fragen, ob du mir etwas darüber erzählen kannst. Ist es schön dort? Kommt man mit öffentlichen Verkehrsmitteln überall hin? Mich interessiert auch, ob es größere Parks oder Wälder gibt. Du weißt, ich bin gerne draußen.

Ich bin gespannt auf deine Antwort. Vielleicht sind wir bald Nachbarn! ;-)

Viele Grüße

Leo

Antworten Sie auf die E-Mail. Schreiben Sie etwas zu allen vier Punkten:

- Grund für Ihr Schreiben
- Wie gut die öffentlichen Verkehrsmittel sind
- Was Ihnen in Ihrer Stadt gefällt
- Was Ihnen nicht so gut gefällt

Überlegen Sie sich vor dem Schreiben eine passende Reihenfolge der Punkte, einen passenden Betreff, eine passende Anrede, Einleitung und einen passenden Schluss.

Mündlicher Ausdruck, Teil 1

Teilnehmer/in A und B

Einander kennenlernen

Unterhalten Sie sich mit Ihrer Partnerin/Ihrem Partner über folgende Themen:

Name

Woher sie oder er kommt

Wie sie oder er wohnt (Wohnung, Haus, Garten ...)

Familie

Wo sie oder er Deutsch gelernt hat

Was sie oder er macht (Schule, Studium, Beruf ...)

Sprachen (welche? wie lange? warum?)

Die Prüfenden können außerdem noch weitere Fragen stellen.

Mündlicher Ausdruck, Teil 2

Teilnehmer/in A

Über ein Thema sprechen

Sie haben in einer Zeitschrift etwas zum Thema „Zoos“ gelesen. Berichten Sie Ihrer Gesprächspartnerin/Ihrem Gesprächspartner darüber. Ihre Gesprächspartnerin/Ihr Gesprächspartner hat eine andere Meinung dazu gelesen und berichtet Ihnen auch darüber. Unterhalten Sie sich dann mit Ihrer Gesprächspartnerin/Ihrem Gesprächspartner über das Thema. Sagen Sie Ihre Meinung und erzählen Sie von eigenen Erfahrungen.

Zoo besuchen

Jens Augustin, 36 Jahre, Informatiker

„Zoos sind toll für Familienausflüge. Meine Kinder können Tiere sehen, die sie sonst nur aus Büchern oder Filmen kennen. Zoobesuche machen Spaß und man lernt gleichzeitig etwas dabei. Ich finde auch, dass sich Zoos in den letzten Jahren sehr verändert und verbessert haben. Die meisten Tiere haben viel Platz und ein gutes Leben. Deshalb ist es für mich auch in Ordnung, Zoos zu unterstützen.“

Teilnehmer/in B

Über ein Thema sprechen

Sie haben in einer Zeitschrift etwas zum Thema „Zoos" gelesen. Berichten Sie Ihrer Gesprächspartnerin/Ihrem Gesprächspartner darüber. Ihre Gesprächspartnerin/Ihr Gesprächspartner hat eine andere Meinung dazu gelesen und berichtet Ihnen auch darüber. Unterhalten Sie sich dann mit Ihrer Gesprächspartnerin/Ihrem Gesprächspartner über das Thema. Sagen Sie Ihre Meinung und erzählen Sie von eigenen Erfahrungen.

Zoo besuchen

Sandra Krause, 32 Jahre, Bankkauffrau

„Zoos sind meiner Meinung nach nicht gut für die Tiere. Sie sollten in ihrer natürlichen Umgebung leben und sich frei bewegen können. Im Zoo sind viele Tiere gelangweilt oder gestresst und unglücklich. Man sagt, Zoos sind zum Schutz vieler Tierarten wichtig. Ich denke trotzdem, dass es bessere Möglichkeiten gibt, Tiere zu schützen."

Mündlicher Ausdruck, Teil 3

Teilnehmer/in A und B

Gemeinsam etwas planen

Sie möchten zusammen mit einigen Bekannten aus Ihrem Deutschkurs ins Kino gehen. Sie haben die Aufgabe, zusammen mit Ihrer Gesprächspartnerin/Ihrem Gesprächspartner den Kinobesuch zu planen. und Ihre Partnerin/Ihr Partner sollen den Kinobesuch planen. Überlegen Sie sich, was alles zu tun ist und wer welche Aufgaben übernimmt. Sie haben sich schon einen Zettel mit Notizen gemacht.

- *Wann?*
- *Film?*
- *Welches Kino?*
- *Wie hinkommen?*
- *Wo treffen?*
- *Karten?*
- ...

Entscheiden Sie zuerst, was Sie machen möchten und warum.
Tragen Sie Ihrem Partner Ihre Ideen vor und begründen Sie sie.
Reagieren Sie auf die Ideen Ihres Partners bzw. Ihrer Partnerin und die Begründungen.
Einigen Sie sich auf einen gemeinsamen Programmvorschlag.

telc
LANGUAGE TESTS

1 a b c d e f g h i j 1
2 a b c d e f g h i j 2
3 a b c d e f g h i j 3
4 a b c d e f g h i j 4
5 a b c d e f g h i j 5

6 a b c 6
7 a b c 7
8 a b c 8
9 a b c 9
10 a b c 10

11 a b c d e f g h i j k l x 11
12 a b c d e f g h i j k l x 12
13 a b c d e f g h i j k l x 13
14 a b c d e f g h i j k l x 14
15 a b c d e f g h i j k l x 15

16 a b c d e f g h i j k l x 16
17 a b c d e f g h i j k l x 17
18 a b c d e f g h i j k l x 18
19 a b c d e f g h i j k l x 19
20 a b c d e f g h i j k l x 20

21 a b c 21
22 a b c 22
23 a b c 23
24 a b c 24
25 a b c 25
26 a b c 26
27 a b c 27
28 a b c 28
29 a b c 29
30 a b c 30

31 a b c d e f g h i j k l m n o 31
32 a b c d e f g h i j k l m n o 32
33 a b c d e f g h i j k l m n o 33
34 a b c d e f g h i j k l m n o 34
35 a b c d e f g h i j k l m n o 35
36 a b c d e f g h i j k l m n o 36
37 a b c d e f g h i j k l m n o 37
38 a b c d e f g h i j k l m n o 38
39 a b c d e f g h i j k l m n o 39
40 a b c d e f g h i j k l m n o 40

41 + –
42 + –
43 + –
44 + –
45 + –
46 + –
47 + –
48 + –
49 + –
50 + –
51 + –
52 + –
53 + –
54 + –
55 + –
56 + –
57 + –
58 + –
59 + –
60 + –

7581649336

1 Pronomen

Die Indefinitpronomen *irgend-, jemand-, niemand*

irgend-

irgendwelche, irgendwann, irgendwo, irgendwie, irgendwer, irgendwas

niemand* und *jemand

Wer? Nominativ	**Wen? Akkusativ**	**Wem? Dativ**
niemand	niemanden	niemandem
jemand	jemanden	jemandem

2 Verben

Das Verb *lassen*

	lassen
ich	lasse
du	l**ä**sst
er/sie/es	l**ä**sst
wir	lassen
ihr	lasst
sie/Sie	lassen

Ich **lasse** die Fotokopie **beglaubigen**.

Ich **muss** die Fotokopie beglaubigen **lassen**.

Das Verb *brauchen*

brauchen **+ Akkusativ**	Wir **brauchen** einen Handwerker.
	Ich **brauche** die Unterlagen morgen früh.
nicht brauchen **+** ***zu*** **+ Infinitiv**	Sie **brauchen** den Brief **nicht zu** unterschreiben.
nur brauchen **+** ***zu*** **+ Infinitiv**	Sie **brauchen** den Brief **nur** aus**zu**drucken.
brauchen **+** ***kein/keine/keinen*** **+** ***zu*** **+ Infinitiv**	Sie **brauchen keine** Kündigung **zu** schreiben.

Verben mit Präpositionen

Mit Dativ:	Mit Akkusativ:
sich bedanken **bei**	achten **auf**
sich bewerben **bei**	sich ärgern **über**
diskutieren **mit**	sich bedanken **für**
sich entschuldigen **bei**	sich bewerben **um**
helfen **bei**	denken **an**
sprechen **mit**	diskutieren **über**
träumen **von**	sich entschuldigen **für**
sich treffen **mit**	sich freuen **auf**
sich verabreden **mit**	sich interessieren **für**
	warten **auf**

Der Konjunktiv II

	haben	sein
ich	hätte	wäre
du	hättest	wärst
er/sie/es	hätte	wäre
wir	hätten	wären
ihr	hättet	wärt
sie/Sie	hätten	wären

werden	können	müssen	
würde	könnte	müsste	+ Infinitiv
würdest	könntest	müsstest	
würde	könnte	müsste	
würden	könnten	müssten	
würdet	könntet	müsstet	
würden	könnten	müssten	

Ratschläge:	Du	solltest	den Kunden noch einmal	**anrufen**.
Vorschläge:	Wir	könnten	bis Bonn	**fahren**.
Höfliche Bitte:		Würden	Sie mir bitte	**helfen**?
		Könnten	Sie am Samstag	**arbeiten**?
Wunsch:		Hättest	du gerne eine Arbeit im Büro?	
	Ich	wäre	gerne Bürokauffrau.	

Konjunktiv II - Irreale Bedingungssätze

Nebensatz				Hauptsatz				
Wenn	ich	mehr Geld	hätte,	(dann)	könnte	ich	den Drucker	**kaufen**.
Wenn	ich		könnte,	(dann)	würde	ich	dir	**helfen**.
Wenn	heute	Sonntag	wäre,	(dann)	müsste	ich	nicht zur Arbeit	**gehen**.
Wenn	ich	es	wüsste,	(dann)	würde	ich	es dir	**sagen**.

Konjunktiv II der Vergangenheit

sein/haben im Konjunktiv II + Partizip II

Wäre ich doch viel früher Vegetarierin **geworden**.

Ich hätte nicht **gedacht**, dass in Fertiggerichten so viele Zusatzstoffe enthalten sind.

	haben	+ Partizip II	sein	+ Partizip II
ich	hatte		war	
du	hattest		warst	
er/sie/es	hatte	getrunken	war	passiert
wir	hatten	geparkt	waren	gefahren
ihr	hattet		wart	
sie/Sie	hatten		waren	

Plusquamperfekt

Ereignis 1 (Plusquamperfekt)	**Ereignis 2 (Präteritum)**
Der Fahrer hatte Alkohol getrunken.	Deshalb **passierte** der Unfall.
Der Unfall war schon passiert,	als ich **ankam**.

Ein Ereignis (Plusquamperfekt) findet vor einem anderen Ereignis (Präteritum/Perfekt) in der Vergangenheit statt.

3 Adjektive und Adverbien

Präpositionaladverbien

Fragewort	Präpositionaladverbien	Präposition
Wo**für**	da**für**	**für**
Wo**mit**	da**mit**	**mit**
Wo**rauf**	da**rauf**	**auf**
Wo**rüber**	da**rüber**	**über**
Wo**raus**	da**raus**	**aus**
Wo**von**	da**von**	**von**
Wo**ran**	da**ran**	**an**
Wo**rum**	da**rum**	**um**

Folgt eine Präposition mit Vokal oder Umlaut am Anfang (*auf, über, aus, an, um*) wird ein **r** eingefügt.

Partizip II als Adjektiv

	Singular			Plural
	maskulin	feminin	neutral	
Nominativ	**ein** gestohlen<u>er</u> Computer	**eine** gestohlen<u>e</u> Tasche	**ein** gestohlen<u>es</u> Auto	gestohlen<u>e</u> Autos
Akkusativ	**einen** gestohlen<u>en</u> Computer	**eine** gestohlen<u>e</u> Tasche	**ein** gestohlen<u>es</u> Auto	gestohlen<u>e</u> Autos
Dativ	**einem** gestohlen<u>en</u> Computer	**einer** gestohlen<u>en</u> Tasche	**einem** gestohlen<u>en</u> Auto	gestohlen<u>en</u> Autos

4 Satzbau

Nebensätze mit *als* und *wenn*

als

Als ich nach Deutschland kam, **war** ich 24.

Ich **war** 24, als ich nach Deutschland kam.

wenn

Wenn ich im Deutschkurs bin, **spreche** ich Deutsch.

Ich **spreche** Deutsch, wenn ich im Deutschkurs bin.

Sätze mit *bevor, nachdem, während, seitdem* verbinden

Olli **duschte**. (8 Uhr)	Olli **putzte** sich die Zähne. (8:10 Uhr)
erst Handlung 1 fertig →	danach Handlung 2
Olli **duschte**,	bevor er sich die Zähne putzte.
Nachdem Olli geduscht hatte,	**putzte** er sich die Zähne.
Olli **frühstückte**. (8:30 Uhr)	Es **klingelte**. (8:30 Uhr)
Während Olli frühstückte,	**klingelte** es.
Es **klingelte**,	während Olli frühstückte.

zur gleichen Zeit = gleichzeitig

Rabia **ist** in Deutschland.	Sie **spricht** jeden Tag Deutsch.
bestimmter Zeitpunkt →	ab dann in die Zukunft
Seitdem Rabia in Deutschland ist,	**spricht** sie jeden Tag Deutsch.

Nebensätze mit *indem*

Wir **schonen** die Umwelt, indem wir Energie sparen.

Man **kann** Strom sparen, indem man Energiesparlampen verwendet.

Man kann die Sätze auch umdrehen:

Indem wir Energie sparen, **schonen** wir die Umwelt.

Zweiteilige Konjunktionen *je ... desto* und *umso*

Ich liebe Sportwagen: **je** schneller, **desto** besser.

Je schneller du fährst, umso/desto größer **ist** das Unfallrisiko.

umso = desto

Indirekte Fragen

Indirekte W-Fragen

Direkte Frage: **Wo** finde ich Zimmer 14?

Indirekte Frage: Wissen Sie, **wo** ich Zimmer 14 finde?

Direkte Frage: Welche Unterlagen brauche ich?

Indirekte Frage: Können Sie mir sagen, **welche** Unterlagen ich brauche?

Indirekte Fragen mit *ob*

Direkte Frage: Wird meine Berufsausbildung in Deutschland anerkannt?

Indirekte Frage: Wissen Sie, **ob** meine Berufsausbildung in Deutschland anerkannt wird?

Lektion 7

Die neue Heimat

Als ich in Deutschland ankam, ...
... war alles fremd für mich.
... sprach ich noch kein Wort Deutsch.

Er fühlt sich ...
... sehr wohl in Deutschland.
... jetzt hier zu Hause.

Deutschland ist für mich ein Stück Heimat geworden.

In Deutschland hat er viel mehr Freiheiten.

Hier kann er so leben, wie er will.

Ihr gefällt, dass sie sagen kann, was sie denkt.

Für sie ist das hier ein gutes Leben.

Ihre Kinder können hier in Frieden leben.

In einem neuen Land hat man viele Träume und Hoffnungen.

Sie hat Heimweh nach ...

Er vermisst die Natur in seinem Land.

In Deutschland fehlen mir meine Eltern und Geschwister.

Hier muss man jede Menge Papierkram erledigen.

Gefühle ausdrücken

Ich bin froh, dass meine Träume wahr geworden sind.

Er freut sich über die neue Stelle.

Sie ist enttäuscht von der Arbeit.

Er ist enttäuscht, dass er immer noch keine Arbeit hat.

Ich finde es schade, dass ich noch keine deutschen Freunde gefunden habe.

Sie hat sich viele Dinge einfacher vorgestellt.

Ich weiß nicht, wie es weitergehen soll.

Auf dem Amt

Ich möchte ...
... einen Antrag auf Wohngeld stellen.
... ein Auto an-/abmelden.
... zur Familienkasse gehen.

Ich möchte einen Ausweis/die Aufenthaltserlaubnis/Kindergeld beantragen.

Habe ich das Formular richtig ausgefüllt?

Wo muss ich den Antrag unterschreiben?

Welche Unterlagen muss er einreichen?

Er muss sich noch beim Einwohneramt anmelden.

Sie muss beim Jobcenter nach dem zuständigen Sachbearbeiter fragen.

Kommunikation mit Behörden

Guten Tag, wo kann ich bitte ...
... einen Antrag auf ... genehmigen lassen?
... meinen Pass verlängern lassen?
... meine Ausbildung anerkennen lassen?
... eine Fotokopie beglaubigen lassen?
... meine Teilnahme bescheinigen lassen?
... ein Führungszeugnis ausstellen lassen?

Für die Anerkennung muss ich ...
... mein Zeugnis übersetzen lassen.
... eine Übersetzung dieses Briefs anfertigen lassen.

Kann ich Ihnen die Unterlagen zusenden?

Ich würde gerne meine Unterlagen persönlich vorbeibringen/abholen.

Termine

Könnten Sie sich einen Termin geben lassen?

Können wir einen Termin für eine Beratung ausmachen/vereinbaren?

Könnten Sie diesen Termin bitte bestätigen?

Es tut mir leid, ich muss unseren Termin verschieben/absagen.

Lektion 8

Berufswünsche

Ich würde gerne eine passende Stelle finden.

In meinem Job möchte ich Kontakt zu Kollegen haben.

Bei der Arbeit möchte ich nicht allein auf mich gestellt sein.

Eine geregelte Arbeitszeit ist mir wichtig.

Er möchte finanziell nicht von seinen Eltern abhängig sein.

Sie muss noch im Berufsleben Fuß fassen.

Stellenanzeigen

Wir suchen zum nächstmöglichen Zeitpunkt eine/n ...

Zu Ihren Aufgaben gehört ...
... die Annahme von eingehenden Anrufen.
... die Weiterleitung an interne Ansprechpartner.
... die Verwaltung des Terminkalenders.
... die Belegung des Konferenzraums.
... der Empfang von Kunden zu Besprechungen.
... die Bestellung des Büromaterials.
... die Erstellung von Monats-, Quartals- und Jahresabschlüssen.

Für diesen Job benötigen Sie eine abgeschlossene Ausbildung oder einen vergleichbaren Abschluss.

Vorausgesetzt wird ...
... eine selbstständige Arbeitsweise.
... eine eigenverantwortliche Arbeitsstruktur.

Wir bieten ...
... einen abwechslungsreichen Arbeitsplatz.
... eine leistungsgerechte Bezahlung.
... eine flexible Arbeitszeit.

Geben Sie Ihre Gehaltsvorstellung an.

Bitte nennen Sie den möglichen Eintrittstermin.

Bewerbungsschreiben

Mit großem Interesse habe ich ... gelesen.

Ich interessiere mich für die Stelle als ...

Ich möchte mich für die Stelle als ... bewerben.

Wie Sie meinem Lebenslauf entnehmen können, ...

Ich konnte bereits Erfahrungen bei der Arbeit als ... sammeln.

Zu meinen Tätigkeiten gehörte ...

Ich hatte bereits einen guten Einblick in ...

Ich spreche Deutsch fließend in Wort und Schrift.

Die angebotene Stelle wäre für mich ...

Ich würde gerne in meinem Beruf als ... arbeiten.

Meine Tätigkeiten als ... entsprechen dem von Ihnen geforderten Profil.

Über die Einladung zu einem persönlichen Gespräch würde ich mich freuen.

Telefonisch nach einer Stelle fragen

Ich rufe an wegen Ihrer Anzeige ...

Ist die Stelle noch frei?

Wie sind die Arbeitszeiten?

Wie lange ist die Mittagspause?

Wie ist die Bezahlung?

Wie sieht es mit der Probezeit aus?

Bekomme ich einen unbefristeten Vertrag?

Wie viele Urlaubstage hätte ich?

Gibt es flexiblen Urlaub?

Ist die Vergütung festgelegt?

Wann könnte ich vorbeikommen?

Wann kann ich mich persönlich vorstellen?

Qualifikation

Sie möchte eine Ausbildung machen als ...

Er macht gerade seinen Abschluss als ...

Wir möchten einen Kurs in ... besuchen.

Er will eine Umschulung machen zum ...

Sie möchte sich in Weiterbildungen spezialisieren auf ...

Er macht eine Fortbildung als ...

Sie schreibt sich zu einem weiterführenden Abendkurs ein.

Lektion 9

Besprechung bei der Arbeit

Bitte machen Sie sich Gedanken über das Thema ...

Machen Sie Vorschläge zu diesem Thema.

Sammeln Sie Ideen, wie wir ...

Überlegen Sie, was man tun kann, um ... zu ...

Sprechen Sie mit den Kollegen über das Thema ...

Besprechen Sie mit Ihren Kollegen, wie man ...

Aktiver Umweltschutz

Man kann die Umwelt schonen, indem man ...
... die Energiekosten senkt.
... auf den Stromverbrauch achtet.
... den Energiesparmodus einschaltet.
... den Monitor richtig ausschaltet.
... umweltfreundliche/energiesparende Geräte kauft.
... auf große Mengen Papier verzichtet.
... Texte am Bildschirm liest.
... Recyclingpapier bestellt.

Zeitangaben

Sie braucht die Unterlagen (gleich heute Nachmittag).

... muss (heute) noch abgeschickt werden.

Ich mache das gleich (morgen).

Ich kümmere mich (heute) darum.

Das hat Zeit bis (nächsten Montag).

Mit dieser Aufgabe brauche ich mich nicht zu beeilen.

Dazu brauche ich etwa ... (Stunden).

Das schaffe ich (heute) nicht.

Er kann ... voraussichtlich erst in ... (Wochen) reparieren.

Kündigung eines Vertrags

Leider müssen wir die Zusammenarbeit mit Ihnen beenden.

Der Vertrag wurde aus geschäftlichen Gründen gekündigt.

Ich kündige mein Abonnement zum nächstmöglichen Zeitpunkt.

Bitte bestätigen Sie die Kündigung schriftlich.

Denken Sie bitte daran, uns die Schlüssel/ Unterlagen zu übergeben.

Wir danken Ihnen für die gute Zusammenarbeit.

Ich bitte um Verständnis für diese Entscheidung.

Angebote und Anbieter prüfen

Bekommen ich eine Preisliste von Ihnen?

Vergleichen Sie die Angebote der verschiedenen Anbieter.

Informieren Sie sich, ob es einen günstigeren Anbieter gibt.

Recherchieren Sie im Internet, wie der Anbieter bewertet wird.

Beachten Sie die Kündigungsfristen in Ihrem alten Vertrag.

Prüfen Sie die Vertragsbedingungen.

Wie lange ist die Vertragslaufzeit?

Lektion 10

Gesunde Ernährung

Er legt Wert auf eine gesunde Ernährung.

Man sollte auf eine ausgewogene Ernährung achten.

Er achtet darauf, sich nicht einseitig zu ernähren.

Wichtig ist, dass man ausreichend mit allen Nährstoffen versorgt ist.

Stellen Sie sicher, dass Sie genügend ... zu sich nehmen.

... sollte nur einen kleinen Teil der Ernährung ausmachen.

Bei Fertiggerichten nimmt man eine Menge Zusatzstoffe zu sich.

Der Verzehr von ... ist nicht gesund.

Gesunde Ernährung und Arbeit sind schwer vereinbar.

Essgewohnheiten

Fleisch zu essen findet sie moralisch bedenklich.

Sie ist überzeugte Vegetarierin.

Als Vegetarierin ...
... verzichte ich auf Fleisch.
... vermeide ich tierische Produkte.

Er ernährt sich ausschließlich vegan.

Vegane Ernährung, das wäre nichts für mich!

Er mag ... ganz gerne.

Ich könnte auf ... nicht verzichten.

... steht bei ihr ganz oben auf dem Speiseplan.

Er hat sich angewöhnt, viel ... zu essen.

Ich möchte nicht jeden Tag ... essen.

... zu essen bin ich von zu Hause gewohnt.

Essen ist für sie Nebensache.

Es ist so einfach, unterwegs schnell etwas zu essen.

Fertiggerichte sind halt so praktisch!

Von Fertiggerichten halte ich nichts.

Sie liebt es, beim Fernsehen/Surfen im Internet zu naschen.

Manchmal überkommt es mich und dann esse ich eine Currywurst.

Meinen Milchkaffee kann mir niemand nehmen!

Gesundheitliche Probleme

Leider vertrage ich keine/n ...

Er hat ein Problem mit ...

Die ganze Familie ist allergisch gegen ...

Qualität von Lebensmitteln

Sie kauft nur ...
... Bioprodukte.
... Nahrungsmittel aus biologischem Anbau.

Beim Kochen achtet sie auf frische Zutaten.

Industriell hergestellte Lebensmittel sind nicht sehr gesund.

Fertiggerichte enthalten viele Zusatzstoffe.

Sie kauft nur glutenfreie Lebensmittel.

Umfrageergebnisse

... % der Befragten/Deutschen legen Wert auf ...

Durchschnittlich die Hälfte/ein Drittel der Bevölkerung isst regelmäßig ...

... von ... Deutschen kochen täglich frisch.

Bei den unter/über ...-jährigen isst jeder Zweite/Dritte ...

Erwachsene über ... (Jahren) essen im Durchschnitt ...

Lektion 11

Versicherungskonditionen

Kann ich diese Versicherung auch online abschließen?

Können Sie mir verschiedene Tarife zusammenstellen?

Sie lässt den Beitrag für ihre Versicherung berechnen.

Ich möchte den besten Versicherungsschutz bekommen.

Dieser Tarif bietet Ihnen einen größeren Versicherungsschutz.

Mit diesen Konditionen sind Sie auf der sicheren Seite.

Diese Versicherung deckt folgende Schäden ab: ...

Damit sind Sie versichert gegen ...
... Sach- und Personenschäden.
... Schäden, die einem Dritten entstehen.

Die Versicherung muss für einen Schaden aufkommen.

Die Kosten für die ärztliche Behandlung werden übernommen.

Ohne Versicherung kann es im Schadensfall sehr teuer werden.

Kfz-Versicherung

Die Versicherung zahlt für Schäden an anderen Fahrzeugen.

Er hat einen Neuwagen gekauft.

Sie muss das Auto noch zulassen.

Die Kfz-Haftpflichtversicherung ist gesetzlich vorgeschrieben.

Das Fahrzeug wird geschäftlich/privat genutzt.

Er wird voraussichtlich ... Kilometer im Jahr fahren.

Ich habe für das Auto einen eigenen Stellplatz.

Unfälle

Er hat einen Unfall verursacht.

Das Auto wurde durch einen LKW beschädigt.

Sie ist ...
... mit einem anderen Auto/einem Fahrrad zusammengestoßen.
... bei Rot über eine Ampel gefahren.
... mit quietschenden Reifen aus der Parklücke gefahren.
... mit ihrem Auto gegen eine Mauer gekracht.

Er hat beim Ausparken ein anderes Auto angefahren.

Sie fährt immer sehr vorsichtig.

Das Auto war am Straßenrand geparkt.

Ein Stein ist auf der Windschutzscheibe gelandet.

Unfallmeldung

Ich möchte einen Unfall melden.

Es sind ... Fahrzeuge am Unfall beteiligt.

Es gibt ... Verletzte.

Die verletzte Person ...
... kann sich schlecht bewegen.
... wird ins Krankenhaus gebracht.

Bitte bleiben Sie am Unfallort.

Der Fahrer wurde durch die Polizei festgenommen.

Kommunikation mit der Versicherung

Meine Versicherung wird sich um die Regulierung des Schadens kümmern.

Die Versicherung wird sich mit Ihnen in Verbindung setzen.

Bitte machen Sie eine Unfallskizze.

Bildquellen
Cover: fizkes/stock.adobe.com; **U2** ii-graphics/stock.adobe.com; **S. 4** insta_photos/stock.adobe.com; Jan Kocovski/telc gGmbH; **S. 7** großes Foto: insta_photos/stock.adobe.com; untere Reihe: Irina Schmidt/stock.adobe.com; Printemps/stock.adobe.com; ViennaFrame/stock.adobe.com; **S. 8** insta_photos/stock.adobe.com; Hogan Imaging/fotolia.com; insta_photos/stock.adobe.com; **S. 10** Arpad Nagy-Bagoly/fotolia.com; **S. 11** Andrey Popov/fotolia.com; Pixelot/fotolia.com; **S. 12** Björn Wylezich/fotolia.com; **S. 15** großes Foto: Jan Kocovski/telc gGmbH; untere Reihe: BillionPhotos.com/fotolia.com; Production Perig/fotolia.com; Rido/fotolia.com; **S. 16** Kondor83/fotolia.com; arthito/fotolia.com; TELCOM-PHOTOGRAPHY/fotolia.com; sunnychicka/fotolia.com; **S. 17** Brad Pict/fotolia.com; **S. 18** Jan Kocovski/telc gGmbH; **S. 19** Björn Wylezich/fotolia.com; **S. 21** Jan Kocovski/telc gGmbH; **S. 23** großes Foto: Jan Kocovski/telc gGmbH; untere Reihe: Rido/fotolia.com; eyeQ/fotolia.com; Gina Sanders/fotolia.com; **S. 24** Kurhan/fotolia.com; Zerbor/fotolia.com; **S. 25** Ramona Heim/fotolia.com; by-studio/fotolia.com; fotohansel/fotolia.com; Dan Race/fotolia.com; Gina Sanders/fotolia.com; Artusius/fotolia.com; **S. 26** Peter Atkins/fotolia.com; **S. 27** veneratio/fotolia.com; Picture-Factory/fotolia.com; Jeanette Dietl/fotolia.com; contrastwerkstatt/fotolia.com; **S. 28** Robert Kneschke/fotolia.com; **S. 31** großes Foto: Jan Kocovski/telc gGmbH; untere Reihe: Sonja Birkelbach/fotolia.com; countrypixel/fotolia.com; Jag_cz/fotolia.com; **S. 32** rdnzl/fotolia.com; chudo2307/fotolia.com; Martin Rettenberger/fotolia.com; RioPatuca Images/fotolia.com; VRD/fotolia.com; **S. 33** Fiedels/fotolia.com; **S. 34** Okea/fotolia.com; **S. 35** Jan Kocovski/telc gGmbH; denio109/fotolia.com; **S. 36** ExQuisine/fotolia.com; Mariusz Blach/fotolia.com; **S. 37** bluedesign/fotolia.com; akf/fotolia.com; **S. 39** großes Foto: Jan Kocovski/telc gGmbH; untere Reihe: DOC RABE Media/fotolia.com; W.Scott/fotolia.com; Gina Sanders/fotolia.com; **S. 40** grafikplusfoto/fotolia.com; **S. 41** animaflora/fotolia.com; **S. 42** Rawpixel.com/fotolia.com; tournee/fotolia.com; Vladimir Kramin/fotolia.com; benjamin sibuet/fotolia.com; **S. 43** forkART Photography/fotolia.com; **S. 44** olly/fotolia.com; **S. 45** olly/fotolia.com; Jan Kocovski/telc gGmbH; **S. 48** Frank Widmann/telc gGmbH; **S. 52** Frank Widmann/telc gGmbH; **S. 54** Frank Widmann/telc gGmbH; **S. 55** Minerva Studio/fotolia.com; Igor Mojzes/fotolia.com; **S. 87** olly/fotolia.com; A_Lein/fotolia.com; **S. 93** eyetronic/fotolia.com; oxie99/fotolia.com; highwaystarz/fotolia.com; **S. 121** galitskaya/stock.adobe.com; **S. 122** Lubo Ivanko/stock.adobe.com; **U3** Vectonauta/www.vecteezy.com; pyty/stock.adobe.com **U4** BillionPhotos/stock.adobe.com; NAMPIX/stock.adobe.com; piyaset/stock.adobe.com; M+Isolation+Photo/stock.adobe.com; Prostock-studio/stock.adobe.com